המשלים של ישוע

מתתיהו

AS PARÁBOLAS DE JESUS

EVANGELHO DE
MATEUS

Severino Celestino
Álvaro Mordechai

InterVidas

Catanduva, SP
2025

AS PARÁBOLAS DE JESUS

EVANGELHO DE
MATEUS

Agradecimentos

A DEUS POR SUA INFINITA MISERICÓRdia e Bondade para com todos nós.

A nossos pais, José Celestino da Silva, Hosana Celestino da Silva, Arcelio Hermoso e Ana Maria Hermoso, por nos terem concedido a vida e por sua dedicação incansável, colocando-nos nos caminhos de Deus, sempre Luz em nossas vidas.

A Roberta Kühn Barboza Morais pela transcrição e revisão dos textos em português.

A nosso querido irmão e amigo Jorge Elarrat, pelo apoio incondicional e pelo prefácio desta obra.

Sumário

Capítulo 3

"PARÁBOLA DO GRÃO DE MOSTARDA"

196

Prefácio

JORGE ELARRAT

P

INDISCUTIVELMENTE, É SURPREENDENTE A SOlicitude de Deus em oferecer às criaturas as inúmeras formas de se aproximarem Dele. Desde o surgimento da espécie humana no planeta, diversas religiões têm sido apresentadas à humanidade como canais de conexão entre o Criador e a criatura, facultando a todos a oportunidade de se reconectar com Deus.

Ritos, liturgias e crenças, distintos entre si, têm sido revelados em sítios arqueológicos desde a mais remota antiguidade, apresentando divindades variadas, dotadas de poderes e valores diversos, trazendo conhecimentos semelhantes, com o propósito de conduzir o homem na direção da espiritualidade.

Tal pensamento disseminou-se por diversas culturas da Terra, sempre fundamentado na crença da existência de múltiplos deuses. O politeísmo difundiu-se em quase todas as culturas do planeta, com exceção do povo hebreu, único povo do mundo antigo a apresentar a ideia de um Deus único.

Essa forma singular de conceber a divindade, por meio do *monoteísmo*, trouxe uma excelsa contribuição, que, por vezes, se dilui no ideário da sociedade ocidental. Isso acontece porque, imersos nessa realidade, tendemos a perder uma percepção mais nítida do impacto dessa visão de mundo.

Ocorre que o politeísmo não cria vínculo entre as criaturas, uma vez que é obra de deuses distintos, sem exigir respeito, valorização e muito menos amor àqueles oriundos de outros povos e, portanto, criaturas de outros senhores. Já o monoteísmo une todos os seres a uma mesma Fonte, a uma mesma Origem, a uma mesma Causa...

Ao reconhecerem sua origem em uma mesma Vontade, os indivíduos são convocados a compreender o vínculo divino que os une. Dessa forma, o monoteísmo, por si só, seria suficiente para eliminar as guerras, a fome, o desamor, a violência e a crueldade, semeando assim os fundamentos da *fraternidade universal*.

Para proteger um conhecimento tão essencial à disseminação do Amor, foi necessário que homens singulares, dotados de notável sensibilidade espiritual, fossem convocados a comparecer ao seio desse povo para testemunhar, de modo a proteger esse conhecimento que, embora originado em um povo sem grandes expressões históricas, deixaria um legado que serviria de bússola para toda a humanidade.

Patriarcas e matriarcas, dotados de acentuada espiritualidade, médiuns profetas, médiuns sacerdotes, reis médiuns, reis sábios, estudiosos dos textos sagrados, mulheres de virtudes divinais e homens de absoluta entrega aos valores espirituais reuniram-se para, muitas vezes sacrificando a própria vida, "fazer um cerco em torno da *Torá*"...

Toda essa história de sacríficos, revelações e renúncias acabou reduzida ao longo dos milênios, reinterpretada como uma mensagem ultrapassada, passadista e limitada à frase "olho por olho, dente por dente", em absoluto desprezo à grandeza da sabedoria transcendente, presente nos diversos rolos de pergaminho que compõem o *Sefer Yetsirah*, a *Mishná*, os *Midrashim*, os *Talmud*, a *Guemará*, a *Halachá*, o *Pirkei Avot*, o *Zohar*, o *Shaar Hagilgulim*, o *Tanya* e a *Torá*.

Resgatar esses saberes é tarefa urgente e um ato de respeito à extraordinária contribuição deixada pelo povo hebreu. Sobre esse legado, se debruçam magistralmente o estimado professor Severino Celestino e Álvaro Mordechai: ambos profundos conhecedores do idioma hebraico, do judaísmo e de Israel; ambos capazes de ler os textos originais; ambos com anos de dedicação ao entendimento desses livros sagrados, com destaque para as incontáveis viagens do professor Severino aos locais considerados sagrados pelos judeus, enquanto Álvaro, como ortodoxo, percorreu, por vários anos, os olhos sobre os pergaminhos dentro das *Yeshivot* de Jerusalém.

Ambos, também detentores do conhecimento espírita, puderam enriquecer sua sabedoria com as obras de Allan Kardec, conferindo ainda maior amplitude à compreensão desses temas. Ao mesmo tempo, testemunharam a sabedoria das tradições multimilenares da *Kabalá* caminhar de mãos dadas com os princípios espíritas da existência de um Deus único e imaterial, a imortalidade da alma, a lei de causa e efeito, o mundo espiritual, a comunicabilidade dos Espíritos, a reencarnação, a evolução, a necessidade do autoconhecimento e a transformação moral como objetivo da vida.

Trazer todo esse arcabouço de conhecimentos para interpretar as parábolas de Jesus oferece um resultado único na decifração dos códigos ocultos no *Evangelho*, fazendo dos dois autores a mais capacitada dupla do movimento espírita da atualidade para a realização desta tarefa.

Esse olhar, que se debruça sobre as três revelações universais, resultou nesta obra, cujo valor, os próprios leitores poderão aquilatar. Ao promover um mergulho nas páginas empoeiradas das obras antigas, confere às

palavras de Jesus, um sentido muito mais real. Simultaneamente, ao serem enriquecidas pela leitura espírita dos textos, complementam o olhar espiritual e transcendente das palavras do *Evangelho*.

Todo esse trabalho é o início do resgate das palavras dos Imortais a Allan Kardec:

Entretanto, para o estudioso, não há nenhum sistema antigo de filosofia, nenhuma tradição, nenhuma religião, que seja desprezível, pois em tudo há germes de grandes verdades que, se bem pareçam contraditórias entre si, dispersas que se acham em meio de acessórios sem fundamento, facilmente coordenáveis se vos apresentam, graças à explicação que o espiritismo dá de uma imensidade de coisas que até agora se vos afiguraram sem razão alguma e cuja realidade está, hoje irrecusavelmente demonstrada. *Não desprezeis, portanto, os objetos de estudo que esses materiais oferecem. Ricos eles são de tais objetos e podem contribuir grandemente para vossa instrução.*[1] [grifo nosso]

JORGE ELARRAT
Curitiba, 27 de março de 2024

★

1. Allan Kardec, *O livro dos Espíritos*, FEB, questão 628.

Esclarecimentos Introdutórios

OS AUTORES

O objetivo deste livro é plantar a semente dos estudos acerca das parábolas, sem a pretensão de esgotar absolutamente o assunto, pois isso seria impossível. Pretendemos levar até o leitor um melhor entendimento dos ensinos do Mestre Jesus. Seguindo um grande ensinamento do Mestre, “conhecereis a verdade, e a verdade vos libertará” (*João*, 8:32), embarcaremos nessa missão de grande responsabilidade.

As parábolas são os ensinamentos transcendentais de Jesus, portanto, estudá-las não é uma tarefa simples. Dessa forma, temos como objetivo trazer esclarecimentos a partir das raízes judaicas de Jesus: um homem que nasceu, viveu e morreu como judeu e que nunca pregou para cristãos, porque não existiam em sua época. Buscamos, neste estudo, de acordo com as raízes judaico-cristãs e espíritas, trazer conceitos de um judeu que iniciou sua missão na Galileia e, sem a pretensão de esgotar o assunto, oferecer ao leitor o máximo possível do conteúdo judaico-cristão-espírita existente nas parábolas de Jesus.

Este trabalho nasceu a partir de um encontro ocorrido que não foi casual, entre um judeu e um ex-católico, hoje espíritas, que dominam o hebraico e possuem profundo conhecimento das tradições históricas das culturas judaica, cristã e espírita.

Por meio desta pequena contribuição, buscaremos resgatar os valores fundamentais presentes na cultura e na tradição do povo judeu para a compreensão dos ensinamentos de Jesus nas parábolas dos evangelhos.

Iniciaremos pelo evangelista Mateus, o mais judeu dos evangelistas e um dos discípulos de Jesus, que, no capítulo 13 do seu *Evangelho*, trata do "Sermão das Parábolas".

Nós, pesquisadores e amigos, juntos e irmanados, temos a intenção de demonstrar a mensagem de Jesus à luz da doutrina espírita para a elucidação de mentes e corações dispostos a mergulhar em uma viagem espiritual de mais de três mil anos de tradições do povo judeu. Assim, desejamos convidá-lo para mergulhar conosco no entendimento das mais elevadas esferas de interpretação do *Evangelho* de Jesus.

Nas singelas palavras de uma parábola, podemos encontrar o caminho para reflexões que nos trazem as mais diversas formas de ensinamentos e nos auxiliam na compreensão de Deus e de Suas leis em nossas vidas.

As parábolas desafiam a mente no mais alto nível intelectual-criativo por meio de situações narradas – e aplicáveis ao dia a dia – em histórias, aparentemente de fácil compreensão, muitas vezes distantes da complexidade do pensamento religioso.

O propósito de uma parábola como forma de linguagem primária comum ao povo hebreu é ilustrar e abstrair. Em hebraico, a palavra *mashal* (משל), traduzida como parábola, possui um alcance filosófico, espiritual e, em algumas ocasiões, linguístico. Ao observar a história do povo de Israel e sua religiosidade, percebe-se que o progresso social é indissociável das convenções religiosas que garantem a manutenção e a perpetuação da unidade do povo, seja por meio das leis, das interpretações ou do fortalecimento da unidade familiar e da aproximação ao divino.

A lei judaica, ou *halachá* (הלכה), inicia o processo de estabilização como unidade no final do primeiro século da Era Comum (EC), após a destruição do Segundo Templo de Jerusalém - ano 70 EC - com a unificação da interpretação da lei e o advento do judaísmo rabínico. Assim, podemos afirmar que tudo o que foge à lei judaica e busca, por meio de alegorias e abstrações, o entendimento da natureza de Deus, bem como a responsabilidade sobre os atributos divinos, pode ser chamado de *hagadá*[2] ou parábola.

Na pergunta número 10 de *O livro dos Espíritos*, Kardec questiona a possibilidade de o homem compreender a natureza íntima de Deus. A resposta dos Espíritos superiores nos ensina que, para isso, faltam-nos os sentidos. Conferimos, assim, que explicar a natureza íntima de Deus e as manifestações de seus atributos em completude é um desafio consistente, e que sistematizá-lo de maneira equânime seria impossível para os homens.

Portanto, as reminiscências e a sabedoria do povo de Israel formam um mecanismo pulsante de reflexão que, à semelhança da *Escada de Jacó*, permite que a complexidade intelectual da compreensão ascenda de maneira constante, degrau a degrau, ampliando horizontes e

2. Palavra originada da raiz do verbo *lehaguid* (ato de contar, narrar, uma história).

possibilitando que o "inexplicável" se aproxime de uma realidade espiritual individual. Esse processo ocorre por meio da abstração e da espiritualização, deixando ao alcance de todos a condição de nos aproximarmos da natureza íntima de Deus e das manifestações de Seus atributos como potencialidades íntimas.

Dessa forma, podemos concluir que as parábolas encontram suas raízes mais profundas tanto na cultura e na tradição do povo hebreu quanto nas escrituras bíblicas, aproximando todos – espectadores ou diferentes personagens – da verdade, ainda inexplicável em nossa condição evolutiva, por meio de palavras. As parábolas estimulam a abstração, a ilustração e a espiritualização, respeitando a liberdade e a condição espiritual individual para um entendimento momentâneo, que tende a expandir-se.

Não podemos deixar de destacar que, dentro da métrica e da poesia dos idiomas hebraico e aramaico, as parábolas encontram seu território poético original.

O *Evangelho* e as escrituras bíblicas, quando estruturadas em forma de parábolas, possuem como objetivo guiar a reflexão do homem ao amor e à providência divina permitindo que a vontade de Deus seja compreendida e que Suas leis sejam manifestadas por meio de Sua inteligência suprema, nas mais diversas situações do dia a dia. Esse processo confere um brilho fugaz e um lapso de entendimento ao ainda inexplicável, mas reminiscente, de alguma forma, por meio das afinidades e reflexos entre o mundo em que vivemos e o mundo espiritual.

Assim, internalizamos essa compreensão como forma de luz para o Espírito, que se autoilumina na manifestação do aprendizado.

Cerca de um terço do conteúdo dos evangelhos sinópticos é escrito em forma de parábolas, que exigem dedicação para a compreensão dessa forma de comunicação, enraizada na cultura do povo hebreu. O estudo das parábolas constitui um alicerce comum dentre os mais diversos elementos necessários para o entendimento do *Evangelho* e dos ensinamentos de Jesus.

A herança do judaísmo – suas tradições, costumes, cultura, expressões idiomáticas e leis – é essencial para a compreensão das parábolas. A ausência de um ou mais desses elementos associados e a tradução da mensagem de Jesus do aramaico e do hebraico para o grego fizeram com que, ao final do primeiro século da EC, fosse parcialmente perdido e distorcido o sentido mais autêntico de muitas mensagens que transcenderiam o tempo.

A tradição do povo judeu com as parábolas demonstra a natureza divina em uma espécie de encenação da vida comum, em que o mais ininteligível e inacessível de Deus se faz conhecido nas mais simples situações da vida.

As parábolas sempre visam a trazer mensagens práticas da vontade mais elevada da inteligência suprema divina, manifestando-se no simples e surpreendente dia a dia, clarificando toda uma lição intelecto-religiosa em situações do cotidiano, diferentemente das leis judaicas que podem ser práticas – objetivas pela permissividade ou proibitivas com atos exteriores – e podem deixar de lado as intenções verdadeiras do coração.

As parábolas são carregadas da manifestação do amor divino e do propósito de Deus para com a humanidade. Enquanto a *halachá* expressa o dever da prática, as parábolas ensinam a essência da prática do dever, trazendo as mais nobres manifestações de Deus em nossos atos, inspiradas pelo exemplo e pela iluminação do Espírito, que se propõe a refletir o ato que se esboça na linguagem simples em forma de história (*hagadá*).

As parábolas mais simples nascem das mais emblemáticas inteligências e/ou moralidades do povo de Israel, sob o contexto de inspiração da mais alta espiritualidade superior. Possuem, muitas vezes, o propósito da predição ou profecia.

A linguagem simples e a presença de elementos como agricultura, riqueza, pobreza, generosidade, intriga, poder, humildade, exagero, heróis, vilões e animais capturam a atenção do ouvinte ou leitor, permitindo que a imaginação explore as mais diferentes experiências espirituais.

Algumas vezes, na narrativa bíblica, as dificuldades se revestem de história, metáfora, moralidade e costumes, manifestando a lei divina em meio a verdadeiros labirintos que exigem paciência e dedicação na interpretação que possa ser a mais clara à luz da doutrina espírita.

Exemplos de Parábolas

Iniciaremos nosso estudo com algumas parábolas judaicas, buscando demonstrar ao nosso leitor que essa forma de narrativa nasceu entre o povo judeu e seus mestres, que muitas vezes falavam por meio delas. Jesus foi um grande mestre judeu que transmitiu essas formas preciosas de ensinamentos a seus ouvintes nos vales e montanhas da Galileia e da Judeia.

Todos nós conhecemos a história de Davi, Betsabeia e Urias, seu esposo, que foi morto por Davi para que este conseguisse se casar com Betsabeia. Para censurar Davi, Deus enviou o profeta Natan, que, por sua posição, não tinha autoridade suficiente para repreender o rei. Para isso, ele criou a parábola que reproduzimos a seguir. Ela se encontra no *Segundo livro de Samuel*, capítulo 12.

"Parábola de Natan" Contada ao Rei Davi

**1O SENHOR mandou o profeta Natã falar com Davi. Ele en-
trou e lhe disse:**

**"Havia dois homens na mesma cidade, um rico e o outro
pobre. 2O rico possuía ovelhas e vacas em grande número.
3O pobre nada tinha senão uma ovelha, só uma pequena
ovelha que ele havia comprado. Ele a criara e ela cresceu
com ele e com os seus filhos, comendo do seu pão, beben-
do na sua taça, dormindo no seu colo: era como sua filha.
4Um hóspede veio à casa do homem rico, que não quis tirar
uma das suas ovelhas ou de suas vacas para servir ao via-
jante que o visitava. Ele tomou a ovelha do homem pobre
e a preparou para a sua visita."**

**5Davi se encolerizou contra esse homem e disse a Natã:
"Pela vida do SENHOR, quem fez isso é digno de morte! 6De-
volverá quatro vezes o valor da ovelha, por ter cometido
tal ato e não ter tido piedade." 7Natã disse a Davi: "Esse
homem és tu! Assim diz o SENHOR, Deus de Israel: Eu te
ungi rei de Israel, eu te salvei das mãos de Saul, 8eu te dei
a casa do teu senhor, eu coloquei nos teus braços as mu-
lheres do teu senhor, eu te dei a casa de Israel e de Judá,
e se isso não é suficiente, eu te darei qualquer coisa. 9Por**

que desprezaste o SENHOR e fizeste o que lhe desagrada? Tu feriste à espada Urias, o heteu; sua mulher, tomaste-a por tua mulher, e a ele mataste pela espada dos amonitas.
10Agora, a espada não mais se apartará da tua casa, porquanto me desprezaste e tomaste a mulher de Urias, o heteu, para que ela se tornasse tua mulher." (2 *Samuel*, 12:1–10)

Apresentamos aqui mais uma parábola recebida pelo profeta Ezequiel como reforço ao nosso estudo. Ela se encontra no livro de *Ezequiel*, capítulo 23:

"Parábola das Duas Prostitutas"

1A palavra do SENHOR me foi dirigida nestes termos:
2Filho do homem, houve certa vez duas mulheres, filhas da
mesma mãe.
3Ambas se prostituíram no Egito durante a
sua mocidade. Ali estranhos acariciaram-lhes os peitos,
ali apalparam-lhes os seios virginais.
4Os seus nomes eram
Oola, a mais velha, e Ooliba, a sua irmã. Elas foram minhas e deram à luz filhos e filhas. Seus nomes eram Oola,
isto é, Samaria, e Ooliba, isto é, Jerusalém.
5Oola se prostituiu enquanto minha, deixando-se seduzir pelos seus
amantes, os assírios, seus vizinhos,
6vestidos de púrpura,
governadores e oficiais, todos jovens encantadores, montados a cavalo.
7Ela entregou-se à fornicação com eles –
com toda a elite dos assírios – e com todos aqueles pelos
quais se deixou seduzir, contaminando-se com todos os
seus ídolos imundos.
8Não abandonou suas fornicações,
que vinham desde o Egito, onde já dormiam com ela na sua
infância, apalpando-lhe os seios virginais e entregando-se

à fornicação com ela. 9Por isso entreguei-a nas mãos dos
seus amantes, nas mãos dos assírios, com quem ela se dei-
xou seduzir. 10Estes descobriram a sua nudez, apoderan-
do-se dos seus filhos e das suas filhas, mas a ela mataram-
-na à espada. O seu caso ficou famoso entre as mulheres,
porque ela sofreu castigo.

11Ora, a sua irmã, Ooliba viu o que acontecera com ela,
mas se revelou ainda mais despudorada do que ela, suas
fornicações foram mais graves do que as da irmã. 12Dei-
xou-se seduzir pelos assírios, por governadores e oficiais,
seus vizinhos, magnificamente vestidos, montados a ca-
valo, todos jovens encantadores. 13Vi que o comporta-
mento de ambas havia sido igualmente desonroso, 14mas
esta praticou fornicações mais graves. Com efeito, ao ver
gravadas sobre o muro imagens de caldeus tingidos com
vermelhão, 15com lombos cingidos de cinturões, com tur-
bantes pendentes da cabeça, todos com o aspecto de escu-
deiros, semelhantes a babilônios, originários da Caldeia,
16deixou-se seduzir por elas, desde que as viu ali gravadas,
e enviou-lhes mensageiros à Caldeia. 17Então os babilô-
nios a procuraram a fim de participarem do seu leito e a
contaminaram com suas fornicações. Ela se contaminou
com eles e depois virou-lhes as costas com aversão. 18Mas
exibiu sua fornicação e descobriu sua nudez, até que a mi-
nha alma se afastou dela com aversão, como eu me tinha
enojado da sua irmã. 19Suas fornicações se multiplicaram,
fazendo lembrar os dias da sua juventude, quando forni-
cava na terra do Egito, 20deixando-se seduzir pelos seus
libertinos, cujo sexo é como o sexo dos jumentos, cujo or-
gasmo é como o orgasmo dos cavalos.

21É que sentias falta das impudicícias da tua mocidade,
quando no Egito te apalpavam os seios e levavam as mãos
sobre o teu peito juvenil. 22Por isto, Ooliba, assim diz o
SENHOR, eis que levantarei contra ti os teus amantes, de
que te enojaste, e os trarei contra ti de todos os lados, 23a
saber, os babilônios e os caldeus todos, os de Facud, de
Soa e de Coa, e com eles todos os assírios, jovens e encan-
tadores, governadores e oficiais, todos, todos escudeiros
de renome, montados a cavalo. 24Do norte virão contra ti
carros e carroças, trazendo uma multidão de povos, que
te cercarão com pavês, escudo e capacete. A eles confiarei
o teu julgamento e te julgarão de acordo com o seu direito.
25Descarregarei contra ti o meu zelo e te tratarão com có-
lera, cortarão teu nariz e tuas orelhas. O que restará de ti
cairá à espada. Tomarão os teus filhos e as tuas filhas e o
que restar de ti será destruído pelo fogo. 26Despojar-te-ão
de tuas vestes e apoderar-se-ão dos teus adornos. 27Assim
porei fim à tua impudicícia e às tuas fornicações, que vi-
nham desde a terra do Egito, de modo que não tornes a
pôr os olhos sobre eles nem voltes a lembrar-te do Egito.
28Com efeito, assim diz o SENHOR: Eis que te entregarei
às mãos daqueles que detestas, às mãos daqueles de quem
te enojaste. 29Eles te tratarão com ódio. Apoderar-se-ão
de todo o fruto do teu trabalho, deixando-te nua e despi-
da. Assim será descoberta a vergonha das tuas luxúrias,
tua impudicícia e tuas fornicações. 30Assim se haverão
contigo por causa das tuas prostituições com as nações,
contaminando-te com os seus ídolos imundos. 31Pois que
andaste no caminho da tua irmã, porei a sua taça nas tuas
mãos. 32Assim diz o SENHOR:

Tu beberás a taça da tua irmã?
– taça funda e larga –.
Tornar-te-ás objeto de escárnio e zombaria,
tão grande será o seu conteúdo.
33Ficarás cheia de vexame e de embriaguez.
Receberás uma taça de horror e desolação,
a taça de tua irmã Samaria!
34Bebê-la-ás e a sorverás toda,
roerás os seus cacos
e dilacerarás teus peitos,
porque eu o disse,
oráculo do SENHOR.

35Portanto, assim diz o SENHOR: Visto que te esqueces-
te de mim e me atiraste para trás das costas, também tu
colherás os frutos da tua infâmia e das tuas prostituições.
36Disse-me ainda o SENHOR: Filho do homem, julgarás tu
Oola e Ooliba? Mostrar-lhes-ás as suas abominações?
37Sim, porque elas cometeram adultério e as suas mãos
estão manchadas de sangue: adulteraram com os seus ído-
los imundos. Mais ainda: Quanto aos seus filhos que elas
me deram à luz, fizeram-nos passar pelo fogo para devorá-
-los. 38Ainda isto me fizeram naquele dia: contaminaram
o meu santuário e violaram os meus sábados. 39Ao imola-
rem os seus filhos aos seus ídolos imundos, no mesmo dia
entraram no meu santuário, a fim de profaná-lo e aí está
o que fizeram dentro da minha casa.

40Ainda mais: Mandaram buscar homens vindos de
longe, aos quais tinham enviado um mensageiro. Eles vie-
ram. Para recebê-los, tu te lavaste, pintaste os olhos e te
enfeitaste. 41Então, te sentaste em um canapé magnífico,

com uma mesa posta diante deles, na qual depuseste o meu incenso e o meu óleo. 42Ali se ouvia o vozerio de uma multidão despreocupada, provindo de muitos homens, de beberrões trazidos do deserto, os quais colocavam braceletes nas mãos das mulheres e uma esplêndida coroa sobre as suas cabeças. 43Eu dizia comigo: Esta mulher, acostumada ao adultério, agora usam das suas prostituições. 44Sim, procuram-na como a uma prostituta. É assim que procuram a Oola e a Ooliba, estas mulheres depravadas. 45Mas homens justos hão de julgá-las, segundo o direito das adúlteras e segundo o direito das que derramam sangue, pois que elas são adúlteras e as suas mãos estão manchadas de sangue.

46Assim diz o SENHOR: Convocai uma assembleia contra elas e sejam entregues ao terror e ao saque: 47apedreje-as a assembleia, ferindo-as à espada e matem os seus filhos e as suas filhas e que as suas casas sejam incendiadas. 48Assim extirparei da terra a depravação, e todas as mulheres receberão uma advertência para que não ajam de acordo com a vossa depravação. 49E farão cair sobre vós a vossa depravação e levareis sobre vós os pecados cometidos com os vossos ídolos e sabereis que eu sou o SENHOR. (*Ezequiel*, 23:1–49)

Um *midrash* criado a partir do *Primeiro livro de Samuel*, 6

Quando os filisteus devolveram a Arca Sagrada (*Aron haKodesh*) aos judeus, colocaram-na numa carroça e atrelaram a ela duas vacas. As vacas chegaram até a parte do país ocupada pelos judeus os quais, vendo a Arca Sagrada, alegraram-se e puseram-se a dançar. As vacas ficaram muito contentes, pensando que as homenagens eram para elas; mas sua alegria durou pouco, pois os judeus as mataram e as ofereceram em sacrifício ao Senhor.

Assim também, quantas vezes homens tolos e orgulhosos pensam que o mundo se inclinará diante deles? E, na verdade, eles serão punidos, porque pensam ser o que não são.[3]

⁂

Caro amigo leitor. Estas considerações iniciais são aqui colocadas para que você possa refletir e buscar nesta obra a mensagem que Jesus nos concedeu com seu amor, por intermédio das parábolas.

Que Ele possa nos inspirar na compreensão e na prática dos Seus ensinamentos.

OS AUTORES ★

---

3. Extraído da obra *Caminhos do povo judeu*, vol. 1, cap. 11 – "O Reinado de Salomão", p. 63.

Introdução

POR QUE JESUS FALAVA POR PARÁBOLAS?

Jesus era um exímio narrador e mestre na criação de parábolas. Suas pérolas de ensinamentos carregam valores e mensagens de profundidade incalculável, que até hoje ainda não são totalmente compreendidas.

A fonte judaica sempre foi uma forma utilizada em Seus ensinamentos, pois, como judeu, o Mestre falava para judeus, galileus, samaritanos e doutores da lei. Em consequência disso, Ele recorria a costumes e situações pertinentes, ajustadas a cada contexto e necessidade de sua época – elementos que ainda ressoam e permanecem relevantes nos dias atuais.

Por volta dos anos 30 da nossa era, Jesus iniciou sua missão libertadora, magnífica e transformadora, após ser identificado por João, o Batista. É difícil compreender por que tantos tentam separar o Jesus judeu do Jesus católico, protestante ou cristão.

No entanto, com a predominância da visão ocidental, quase sempre – consciente ou inconscientemente – desnaturalizamos Jesus, moldando-o como se fosse um ocidental. Além disso, ao longo dos últimos dois mil anos, surgiu um lamentável movimento antissemita que culminou, por exemplo, na criação do verbo “judiar”, associado a algo ruim, perverso ou danoso.

I

Enquanto isso, muitos se esquecem de que o próprio Jesus era judeu e jamais concordaria com essa desvalorização do povo de Israel. Ele, certamente, não ficaria feliz com essa realidade, assim como nenhum brasileiro se sentiria confortável se o verbo "brasileirar" fosse criado com o intuito de desvalorizar qualquer um dos nossos irmãos, em qualquer parte do planeta.

Com este trabalho, estamos lançando a pedra fundamental desse estudo e, a partir daí, desejamos construir as raízes do conhecimento do que significa uma parábola, já que Jesus falava por meio delas. Estamos nos baseando no princípio, na ideia e no sentimento de um Jesus que não falava para cristãos, afinal, em sua época, segundo *Mateus*, quem seguia o Mestre eram multidões vindas da Galileia, da Judeia, de Decápolis, de Jerusalém e do além-Jordão (*Mateus*, 4:25). Eram pessoas que não tinham absolutamente nenhuma ligação com o Ocidente; tratava-se, em sua maioria, do povo de Israel.

Obviamente, a mensagem de Jesus foi bem recebida no Ocidente por ser magnífica. Porém, ela se torna ainda mais admirável quando temos consciência do quão sábio era o Mestre judeu e de que a sabedoria dos seus ensinamentos tem raízes na tradição do seu povo: o hebreu. Esse povo representa as raízes de uma nação – aquele que consolidou o monoteísmo no planeta e que recebeu os "Dez Mandamentos", que se tornaram a base fundamental da justiça e moral da humanidade – e não exclusivamente dos hebreus –, pois carregam um caráter neutro e universal. E, mesmo que os hebreus quisessem, não seria possível que adotassem só para si os "Dez Mandamentos". No entanto, destacamos esse povo aqui como um exemplo da semente básica da humanidade, já que, até a chegada de Abraão e Moisés, imperavam o politeísmo e a idolatria, pois as pessoas não possuíam um caminho único para Deus. Portanto, foram os hebreus que trouxeram ao mundo essa fundamental contribuição cívico-espiritual.

Partindo desses princípios, surge uma questão fundamental para compreendermos por que Jesus ensinava por meio de parábolas: um terço dos evangelhos sinópticos – *Mateus*, *Marcos* e *Lucas*, os mais conhecidos – é escrito nessa forma de narrativa. Isso significa que, se compreendermos as parábolas, desvendaremos uma porção importante dos evangelhos. Há aqui algo que é substancial, verdadeiro e concreto na história mundial: cristãos e judeus viraram as costas uns para os outros. De alguma forma, passaram a caminhar separados no contexto religioso interpretativo da *Torá*.

Geograficamente separados, distinguimos três classes entre os hebreus: judeus, galileus e samaritanos. Como todos se encontram no Oriente Médio, podemos afirmar que Jesus não utilizava a linguagem e a cultura na qual estamos mergulhados (ou estávamos, há dois mil anos) no Ocidente. Sua linguagem era totalmente voltada para a geografia, cultura e contexto político-social do Oriente Médio e do povo de Israel e, por isso, dizemos que Ele nunca pregou para cristãos.

Para prosseguirmos com o tema, convidamos o leitor a refletir por meio da seguinte analogia: imagine que vamos ao cinema assistir a um filme. No entanto, algo inesperado acontece – ele começa a ser projetado a partir dos dez minutos finais, apesar de ter três horas de duração!

Para tornar essa analogia mais concreta, imagine que o filme escolhido fosse *Titanic* e que assistíssemos apenas seus dez minutos finais. Não compreenderíamos nada! As interrogações seriam, provavelmente, as seguintes: “Por que o navio está afundando?”, “Quem são Jack e Rose?”, entre muitas outras perguntas que ficariam sem resposta, tornando impossível compreender o contexto da história.

Para entendermos a mensagem do filme, seria preciso voltar e assisti-lo desde o início. Da mesma forma, ao abrirmos o *Evangelho*, precisamos ter consciência de que a história contida nele está entrelaçada a outras. Ela é a continuidade da história de quase quatro milênios do povo hebreu. Aqueles que ouviam as pregações de Jesus já conheciam essa história, suas tradições, suas leis e sua realidade cultural.

Se pretendemos entender as parábolas contidas nos evangelhos, necessitamos penetrar também na realidade que envolve a história, os costumes, a cultura, o idioma, as expressões idiomáticas, a lei judaica e os ensinamentos do povo hebreu.

Neste trabalho trazemos justamente ao seu conhecimento os princípios necessários para melhor compreendermos a forma de ensino de Jesus.

Muitos estudiosos e exegetas afirmam que a *Torá* e os profetas vigoraram apenas até João Batista, tendo como base a revelação que se encontra em *Lucas*, 16:16, criando uma teologia da substituição. Esse ponto de vista não tem razão de ser, pois a segunda revelação, ou *Brit Chadashá* (ברית חדשה), não anula a primeira revelação, ou *Brit ha Rishon* (ברית הריישון).

Os evangelhos representam a continuação natural da primeira revelação. Em *Mateus*, 11:13, Jesus afirma que a *Torá* e os profetas profetizaram até João, pois todos eles – Isaías, Miquéias, Zacaria, Oseas e Malaquias – anunciavam em suas profecias a vinda do Messias. Ora, João, o Batista, identificou Jesus como o Messias, e, desse modo, não havia mais necessidade de novas profecias sobre sua chegada. Ali estava Ele.

É este também o pensamento revelado por Jesus no conhecido "Sermão do Monte", quando afirma que não veio ao mundo para destruir a *Torá* e os profetas, mas para torná-los mais compreensíveis. (*Mateus*, 5:17–19)

Na passagem em que o jovem rico pergunta o que deve fazer para ganhar a vida eterna (*Mateus*, 19:16–22). Jesus lhe responde:

> 18[...] Não matarás, não adulterarás, não roubarás, não levantarás falso testemunho; 19honra teu pai e tua mãe, e amarás o teu próximo como a ti mesmo. (*Mateus*, 19:18–19)

Esses ensinamentos estão na *Torá*, pois, na época deste diálogo, os evangelhos ainda não haviam sido escritos. Assim, Jesus recorreu à própria *Torá* como resposta quanto ao que devemos fazer para conquistarmos a vida eterna. Isso significa que os ensinamentos da *Torá* são suficientes para levar qualquer pessoa a Deus, desde que seus princípios sejam seguidos em sua essência mais profunda. Não se pode retirar Jesus desse contexto, pois isso resultaria na perda da essência das raízes que fundamentaram tantas verdades que Ele ensinou.

Outro exemplo que pode ser citado aqui é a situação na qual Jesus declara que, dentre os filhos da mulher, ninguém é maior do que João. Por que Ele diria isso, se na época era comum falar "filho do homem"? Ele está falando, nesse caso, da nacionalidade judaica. Está afirmando que, entre os judeus e os hebreus, não havia ninguém maior do que João, pois, no judaísmo, é a mulher que transmite a descendência e, consequentemente, a nacionalidade. O homem aparece na genealogia transmitindo a base da geração e da tradição, mas quem determina a nacionalidade é a mulher.

Como vemos, estas são questões básicas que possibilitam compreender a razão pela qual Jesus ensinava por meio de parábolas. Desde a primeira revelação – *Brit ha Rishon* (ברית הריישן), como é falado em hebraico –, todos os princípios parabólicos já estavam presentes.

Da mesma forma, a linguagem apocalíptica também tem suas raízes na tradição judaica. Não foi uma linguagem criada por João. Em vez disso, temos João, um judeu, assim como Jesus, atuando como um judeu no mundo espiritual e transmitindo sua mensagem para outro judeu no mundo material, que a psicografou em uma linguagem judaica. Se não conseguirmos entender essa relação, torna-se difícil compreendermos a mensagem dos evangelhos com maior profundidade.

E se há a primeira mensagem com Moisés e os profetas, e a segunda, com Jesus, a terceira veio exatamente como foi dito na questão 627 de *O livro dos Espíritos*, para levantar o véu e tornar compreensível o que até agora era obscuro ou figurado. Porém, só compreenderemos essas mensagens e só levantaremos esse véu se percorrermos um caminho até suas raízes.

Não foi Jesus, no entanto, quem criou o gênero das parábolas. A palavra *parábola*, *mashal* (משל), em hebraico, tem suas origens no judaísmo. "Parábola", em grego *parabole*, significa "ao lado de". No hebraico, existem duas palavras que podem ser empregadas com o sentido de "parábola". Embora tenham o mesmo som, *agadá* – escrito com *alef* (אגדה) – significa "lenda ou conto", e *hagadá* – com *hei* (הגדה) – significa "história ou narrativa"; esta última, continua viva no judaísmo, preservando sua autenticidade.

Disso, podemos extrair um entendimento mais claro: *agadá*, escrita com *alef*, refere-se a uma estória fictícia, um mito ou uma fábula, mas não uma parábola. Já *hagadá*, grafada com *hei*, representa uma história do passado, um relato sobre um povo, sobre sua história de vida contada.

A parábola tem mais o sentido do verbo *lehaguid* (להגיד), que significa "narrar". Na verdade, ela não é nem uma fábula nem um mito: ela é uma história metafórica com um objetivo bem diferente e delimitado.

Quando encontramos Jesus falando por intermédio de parábolas, precisamos ter em vista que, há milênios, essa já era uma fonte da qual o povo de Israel bebia diretamente. Citar uma parábola para alguém no mundo ocidental pode ser bastante desafiador por se tratar de uma linguagem religiosa de difícil entendimento nos dias de hoje. No entanto, quando falamos por meio de parábolas com judeus, estamos falando de uma linguagem primária do entendimento deles. Por isso, para estudarmos uma parábola no Ocidente, precisamos buscar mais embasamento, o que seria desnecessário se fôssemos oriundos de Israel, principalmente na época de Jesus.

A parábola sempre está permeada de uma linguagem concreta, por isso encontraremos nela animais, cereais, frutas e pessoas de diferentes posições sociais, doentes ou saudáveis, além do mundo espiritual propriamente dito. Tudo ilustrando um cenário e instigando o leitor ou ouvinte.

No *Evangelho*, ouvimos falar muito sobre o código da lei judaica – a *halachá* (הלכה) –, que é extremamente interessante. Ela foi fundamental para a evolução do direito civil no mundo como um todo. Emmanuel, por exemplo, nos diz que os "Dez Mandamentos" representam a base de toda a justiça.[4]

Então, o que significa a *halachá* (הלכה)? Ela é algo bem específico, diferente daqueles dez mandamentos muito conhecidos – na verdade, existem 613 mandamentos na *Torá*. Há mandamentos para absolutamente todas as situações da vida: comércio, convívio familiar, com o vizinho, social etc. Por exemplo: caso encontremos uma moeda na rua, podemos pegá-la para nós mesmos ou não? A lei judaica dirá que sim, pois considera que quem perde uma moeda, quando se dá conta disso, dificilmente volta para procurá-la. Por isso, a lei diz que podemos nos apropriar da moeda, pois ela está sem dono e ninguém sabe de quem era ou de onde veio. Portanto, ela

---

4. Francisco Cândido Xavier, Espírito Emmanuel, *O consolador*, FEB, questão 268.

poderá se tornar propriedade de quem a encontrar. Esse é um exemplo singelo de como a *halachá* pode nos trazer importantes reflexões para que compreendamos a responsabilidade da lei divina no meio da sociedade judaica.

Podemos ter, assim, uma ideia do quão precisa é a lei judaica. Outro exemplo de sua aplicação está no luto, que é regido por uma série de leis que devem ser respeitadas. Entretanto, embora sejamos precisos seguindo a lei, corremos o risco de negligenciar o amor quando nos afastamos de Deus – quando nos falta a compreensão da verdadeira essência do amor e da misericórdia divina.

Podemos dizer que a lei judaica, ao tempo de Jesus, não era absoluta. Ela só se tornou absoluta no final do primeiro e início do segundo século com o surgimento do judaísmo rabínico, em que se tem uma interpretação da lei na prática, mais especificamente ligada à textualidade. No tempo de Jesus, a aplicação da lei era significativamente diferente, pois juízes e mestres tinham maior flexibilidade na dialética, dado que o *Talmud* ainda não existia.

Mas, afinal, para que servem as parábolas?

Para que ninguém seja privado do amor, da misericórdia e da compreensão do plano espiritual e de Deus na aplicação da lei.

E por que precisamos desses elementos?

Se a lei é praticada por si só, sem a intenção (que em hebraico é chamada de *cavaná* (כוונה) do amor e da realização do bem, corremos o risco de nos tornarmos hipócritas, da mesma forma como muitas vezes nos referimos a um fariseu. Desse modo, a parábola serve para trazer uma abstração com elementos concretos, e, a partir desses elementos, podemos discernir uma ideia divina, uma ideia de amor e que ilustra o divino. Assim como a ideia de AMOR, a concepção de DEUS também é abstrata, pois, por mais que busquemos descrevê-la em palavras, jamais será possível defini-la com exatidão. Nunca conseguiremos explicar objetivamente o amor de Deus por meio de uma parábola, mas através de uma delas podemos ilustrar um ensinamento e dar asas à inteligência e à imaginação para ampliarmos e aperfeiçoarmos o entendimento sobre Deus.

A parábola, todavia, abre margem para a interpretação de um significado decorrente do nível espiritual em que nos encontramos no momento para, mais tarde, em sua releitura, caminharmos em direção a um novo entendimento. É a partir dessa nova compreensão, em uma comunhão de ideias, que vamos construindo aquilo que é chamado a Escada de Jacó, uma escada espiritual evolutiva e ascensional.

Ao lermos uma parábola de Jesus, testemunhamos que seus ensinamentos abrangem a família, a sociedade e os costumes judaicos. Por exemplo, na "Parábola do Filho Pródigo", quando o filho retorna ao lar, não há menção à presença de uma mulher, porque o papel da mulher no judaísmo é diferente do papel do homem. Na família judaica, quem recebe uma visita é o dono da casa. Isso não significa que a mulher seja inferior, mas que ela detém papéis específicos dentro da família. Da mesma forma que os homens, as mulheres possuem suas atribuições e seus limites na sociedade. Se essa parábola ocorresse, por exemplo, no Nordeste do Brasil, seria a mulher que correria para acolher o filho que retornava, dizendo: "Meu querido está sofrendo, está com fome, com sede, não cortou o cabelo, precisa de um banho", e assim por diante.

A "Parábola do Filho Pródigo" é uma parábola puramente judaica, narrando um episódio ocorrido em uma família judaica no Oriente Médio. Portanto, antes de questionarmos o motivo de Jesus não ter colocado uma mulher naquela história, é essencial compreender que Ele estava falando para judeus que tinham sua cultura e seguiam aqueles costumes.

Quando Jesus constrói a primeira parábola, a "Parábola do Semeador", Ele dá destaque à semente, mas não ao semeador nem ao conceito de agricultor. No entanto, é justamente esse elemento – o agricultor – que confere significado à parábola, ainda que a agricultura seja impossível sem a semente.

O conhecimento que Ele retrata como "cem por um", "sessenta por um" e "trinta por um" tem suas raízes no judaísmo, como será visto mais adiante. Se não nos inserirmos na perspectiva do conhecimento e dos costumes judaicos, não compreenderemos a profundidade das parábolas de Jesus.

Imagine Jesus chegando ao Nordeste do Brasil e criando uma parábola. Provavelmente, seria sobre uma dona de casa imprudente, cujo marido saiu para trabalhar. Nessa situação, o Mestre não usaria a cevada ou o trigo como referência, mas algo mais típico, como o feijão. A dona de casa colocaria o feijão na panela, adicionaria o tempero, a água e o sal, e então levaria ao fogo. Após isso, se sentaria para descansar, pegaria o celular e entraria no

WhatsApp. Depois de um certo tempo distraída, sentiria um cheiro de queimado e, quando percebesse, a comida já estaria arruinada pela imprudência da invigilância.

Essa seria uma parábola atual, de acordo com o contexto em que vivemos. Por isso, Jesus precisaria utilizar elementos familiares à realidade contemporânea. Por outro lado, se ele contasse a história dessa dona de casa nordestina em sua época, ninguém compreenderia sua mensagem.

Sabendo disso, percebemos a atualidade das palavras de Jesus em qualquer contexto narrativo, pois seu propósito é enfatizar a lei divina, que é eterna.

Mesmo depois de dois mil anos, Suas palavras ainda ressoam e concernem a todos nós. Para os judeus, Ele usava elementos do contexto judaico, pois Sua linguagem, quando analisada, é genuinamente judaica, assim como a linguagem das parábolas rabínicas do *Antigo testamento*.

Antes de partirmos para uma parábola judaica que ilustra muito bem o que falamos, vamos chamar a atenção para mais um ponto importante e explicá-lo com o auxílio da doutrina espírita. A questão número 10 de *O livro dos Espíritos* é a pergunta: “Conseguem os Espíritos enxergar a essência, a natureza de Deus?” Os Espíritos respondem “não”, pois lhes faltam os sentidos. Se lhes faltam os sentidos para enxergar a essência de Deus, como é possível descrevê-Lo com palavras objetivas? Tudo que dissermos ainda estará limitando o Criador. Toda e qualquer explicação que possamos dar sobre a compreensão da lei do amor, ainda estará distante da inteligência e do amor supremo de Deus. Sempre haverá algo para aprendermos sobre Deus, o amor, a justiça divina, a misericórdia, a providência divina e todos os aspectos e atributos das leis que regem o universo.

A parábola é uma maneira de desafiar o intelecto e a condição individual para conseguirmos entender esses aspectos divinos, sem que estejam limitados a paradigmas terrenos. Nas obras codificadas por Kardec, também contemplamos um modelo pedagógico quando ele nos apresenta a "Escala Espírita" (questões 100 a 113 de *O livro dos Espíritos*), por exemplo. Ele quase constrói uma parábola, mas dentro de uma linguagem mais teosófica e adaptada ao conhecimento pós-iluminista, que traz uma abordagem mais positivista do mundo.

Há dois mil anos, no entanto, o propósito da parábola era trazer essas interpretações mais abrangentes e, ao mesmo tempo, específicas para a realidade individual, buscando, através da imaginação e da reflexão, novos caminhos para a ascensão ao Espírito.

Aqui, há duas questões básicas que envolvem o universo ao qual temos acesso. A primeira é a *Criação*. Existe uma criação – não podemos negar o que vemos ao nosso redor: "Penso, logo existo". Além disso, existe um processo – uma lei universal invisível que ninguém pode questionar. Ainda que possamos negar que essa lei provém de Deus, não podemos ignorar a inteligência por trás da ordem que rege tudo. Além da *Criação* – mistério ao qual ainda não temos acesso total, existe a *Revelação*. Moisés, ao narrar a criação no *Gênesis*, também começa a revelar segredos, já que ali não havia testemunhas.

Com essa obra, fruto de profundo estudo, desejamos também elucidar como os elementos da natureza – da *Criação* – eram metaforicamente utilizados por Jesus, assim como pelos rabinos e profetas do passado, para transmitir a *Revelação*.

A parábola nada mais é do que uma *grande revelação compatível com a evolução de cada um*.

Essa forma de ensino é uma revelação que vai chegando em nossas vidas gota a gota, de acordo com a evolução, o conhecimento e as condições de recebimento de suas luzes, à medida que vamos alargando nossos horizontes espirituais.

A primeira parábola apresentada aqui é uma parábola rabínica. Ela está escrita no *Talmud* (תלמוד), no tratado conhecido como *Massechet Taanit* (מסכת תענית) e conta a história de um grande rabino chamado rabi Eleazar, que era filho de rabi Simeão.

Assim, inicia-se a parábola:

Eleazar vinha caminhando por uma estrada, vindo de Migdal, um local na Galileia, em Israel. Ele descia, montado em seu burrinho, e, naquele momento, um homem veio na sua direção. Ele olhou para o rosto desse homem, que o cumprimentou:

— *Shalom aleichem* (שלום עליכם) – que a paz esteja convosco.

Ele era um sábio, um grande estudioso da *Torá*. E, ao ver esse homem se aproximando, pensou: "Esse homem é muito feio. Ele é a pessoa mais horrível que eu já vi na minha vida!". E, em vez de responder a seu cumprimento, ele disse:

— De onde você vem, todas as pessoas são tão feias quanto você?

E aquele homem feio falou:

— Eu não sei. Vá até o artesão, o criador desse *kli* (כלי) e pergunte-lhe se todos são feios de onde ele vem.

Então esse homem e o grande mestre da *Torá* seguiram pela mesma estrada. Logo mais à frente, quando chegaram à cidade, as pessoas viram o grande rabino e o chamaram de "mestre", "professor". O homem feio, então, perguntou-lhes:

— Mas a quem vocês chamam de mestre?

— Ele! O grande professor, o grande rabino – o povo respondeu apontando para Eleazar.

— Se ele é um mestre em Israel, espero que não haja outros mestres como ele.

— Por que você diz isso?

— Porque o que ele fez comigo, nenhum ser humano merece.

— Mas, então, diga a ele que lhe peça perdão.

— Eu só o perdoo se ele não fizer isso com mais ninguém.

E o rabi Eleazar, então, o ensinou:

— Seja flexível como o caniço e não duro como o cedro. Porque eu fui duro como o cedro e perdi a essência de enxergar no próximo a centelha divina, a manifestação da imagem e semelhança de Deus.

Como vemos nessa história, o artesão faz uma referência a Deus. Possivelmente, mencionar o *kli* (כלי), recipiente, em português, pode não fazer muito sentido para o leitor nos dias atuais. Contudo, essa figura é utilizada da mesma forma por Emmanuel no prefácio do livro

Ave, Cristo!: "A ideia divina requisita braços humanos. A bênção do Céu exige recipientes na Terra."[5] Esse é um símbolo que faz parte do conhecimento judaico.

Dentro do *Talmud*, o tempo todo se fala de *kli* (כלי). Toda bênção dos Céus exige um recipiente no plano físico para que, como a água da chuva, possa ser armazenada e não se perca na natureza. Portanto, esse recipiente é o corpo físico. E o que anima o corpo físico? Um Espírito. E quem fez o Espírito? Quem é a inteligência suprema? Quem é misericordioso? Deus.

Por isso, quando o homem feio responde ao grande mestre da *Torá*, ele se demonstra extremamente sábio e revela como esse mestre da *Torá* estava equivocado. Afinal, estava olhando somente para o "recipiente" daquele homem, para seu exterior, sem enxergar o Espírito do indivíduo – sua essência.

Essa parábola é especial porque ela mostra que não importa a condição em que uma pessoa se encontre ao longo do dia ou da vida – nem como ela se apresenta fisicamente, seja um criminoso, um sábio, ou se está doente. O recipiente exterior, a aparência momentânea, não revela quem ela realmente é.

Todos somos feitos à imagem e semelhança de Deus. Jesus enxergava o potencial em cada um de seus apóstolos e continua olhando para cada um de nós, amando não apenas o que somos – pois ainda nos encontramos em um

5. Francisco Cândido Xavier, Espírito Emmanuel, *Ave, Cristo!*, FEB.

estágio limitado da evolução moral –, mas percebendo a imagem e semelhança de Deus manifestada em cada um. Ele enxerga o que ainda seremos.

Todos estamos imersos na lei do progresso, na providência divina. Todos estamos a caminho da luz. E é por isso que essa parábola é tão significativa para a compreensão do *Evangelho*.

Há uma passagem bem conhecida no capítulo 22 do *Evangelho de Mateus* (versículos 15 a 22), em que os fariseus – a fim de provocar Jesus e colocá-lo em uma cilada que poderia justificar sua prisão caso falasse contra o Império Romano – perguntaram-lhe se era lícito pagar imposto a César.

Jesus pediu para ver a moeda do imposto. Apresentaram-lhe um denário. O Mestre então perguntou aos fariseus: "De quem é esta imagem e a inscrição?"

Ao responderem que era de César, Jesus concluiu: "Dai, pois, o que é de César a César, e o que é de Deus a Deus."

Em vez de simplesmente dizer-lhes para pagarem o imposto, Jesus dá uma resposta espiritual, escapando de uma cilada armada contra Ele.

Mas qual é a essência dessa mensagem?

Ela nos revela que todas as pessoas são comparadas a uma moeda: carregamos tanto a imagem e semelhança do Criador, o Rei do universo, quanto a matéria. Todos os recursos da humanidade devem servir a todos, e não apenas a César. Ele está afirmando que todos levam consigo a centelha divina, e que os recursos materiais devem ser destinados a todos os povos indistintamente, sem exclusivismo.

Cristo também nos ensina que não devemos atacar aqueles que pertencem a César, pois devemos respeitá-los sem tomar partido, lembrando que, na verdade, tudo é de Deus.

As fronteiras e barreiras são criações do exclusivismo humano, mas tudo pertence a Deus, e em todos se manifesta Sua imagem e semelhança. A centelha divina habita em toda a humanidade: judeus, romanos, assírios e samaritanos – não importa quem seja. Todos, com exceção de Jesus, ainda possuem suas imperfeições, fazem suas imposições à sociedade e àqueles que ainda não alcançaram o brilho moral da pureza da lei divina. Por isso, Jesus ensina que devemos amar e respeitar a todos neste momento.

Então, Jesus não chegou a entrar propriamente no mérito da questão sobre pagar ou deixar de pagar os impostos. Sua fala não se trata desse valor, mas sim do valor intrínseco que cada ser humano tem. Por esse motivo, quando Jesus pede a moeda, Ele está fazendo uma referência espiritual ao homem. Essa é uma parábola rabínica que já era conhecida naquele tempo.

Voltando a falar do *kli*, nosso vaso, nosso instrumento, lembremo-nos do diálogo de Jesus com Ananias em Damasco. Paulo estava a caminho de Damasco para prender Ananias, mas o Mestre Nazareno pediu a Ananias que o recebesse na rua Direita.

Diante disso, Ananias ficou escandalizado e exclamou:

> 13[...] "Senhor, ouvi de muitos, a respeito deste homem,
> quantos males fez a teus santos em Jerusalém. 14E aqui
> está com autorização dos chefes dos sacerdotes para pren-
> der a todos os que invocam teu nome." 15Mas o Senhor in-
> sistiu: "Vai, porque este homem é para mim um instru-
> mento de escol para levar o meu nome diante das nações
> pagãs, dos reis, e dos israelitas." (*Atos*, 9:13-15)

Ou seja, ele é um *kli*, um "recipiente" (embora o termo também seja utilizado por muitos como vaso).

No Nordeste do Brasil, há um provérbio que diz "Quem ama o feio, bonito lhe parece". Quando cultivamos o amor pelo outro, seus defeitos e a ausência de beleza desaparecem.

É exatamente essa a forma como Jesus vê a humanidade – com indulgência diante das imperfeições, com bondade, amor e certeza de que um dia todas as potencialidades divinas florescerão e frutificarão.

É nesse sentido que Jesus observava a todos, com jugo leve e fardo suave, como ele mesmo declara no *Evangelho*.

Esse ensinamento tem raízes no judaísmo e remonta a tempos antigos. A justiça e a igualdade, tão enfatizadas pelo Mestre, refletem a justiça dos escribas e fariseus.

A questão da *tsedec* (צדק), justiça, e da *tsedacá* (צדקה), caridade, é essencialmente judaica e esses conceitos estão presentes nos ensinamentos de Jesus. Um exemplo claro disso é sua abordagem sobre a esmola: Ele não impõe a obrigação de dar, mas nos mostra como oferecê-la: dar com a mão direita, sem que a esquerda veja.

Esse último também é um princípio judaico e pode ser observado em diversas organizações judaicas, como a *Ten Yad* (תן יד), dê a mão, e tantas outras que atuam no Brasil, em Israel e ao redor do mundo.

O judeu deve praticar sua caridade de maneira discreta, agindo para que o beneficiado não saiba quem é seu benfeitor. E esse é justamente o princípio que Jesus utilizava no momento de fazer caridade.

Há uma parábola no *Segundo livro de Samuel* que narra a história do rei Davi, que se apaixonou por Betsabeia, a belíssima esposa de seu general, Urias, o heteu.

O *Segundo livro de Samuel* (11:1–27) relata que, certa tarde, Davi passeava pelo terraço do palácio quando avistou uma bela mulher tomando banho e ficou encantado. Ele procurou investigar quem ela era e descobriu ser a esposa de Urias. Então, enviou um mensageiro até ela, pois desejava encontrá-la. Como Davi era o rei, Betsabeia tinha que obedecê-lo. Ele a conquistou e deitou-se com ela. Betsabeia engravidou do rei e mandou informá-lo. Davi, então, chamou o general Urias e, depois de uma conversa, ordenou que retornasse para sua casa. Contudo, Urias não obedeceu. Então, o rei encaminhou-o para as frentes de batalhas, sabendo que ali o general seria morto.

Quem teria autoridade para condenar o rei por seus atos? Na Terra, ninguém a teria. Por essa razão, Deus suscitou Natan, um médium cuja missão era levar a verdade a quem quer que fosse. Para isso, Natan criou e contou ao rei a parábola chamada pelos judeus de "O Pobre e a Ovelha".[6]

Essa parábola conta que havia dois homens na mesma cidade, um rico e outro pobre.

O rico possuía ovelhas e vacas em grande número. O pobre nada tinha senão uma pequena ovelha que havia comprado. Ele a criara com carinho, e ela cresceu junto aos seus filhos, comendo de seu pão, bebendo de sua taça e dormindo em seu colo – era como uma filha.

Ao receber um hóspede, o homem rico não quis tomar uma de suas ovelhas ou vacas para servir ao viajante; em vez disso, tomou a única ovelha do homem pobre e a preparou para sua visita.

Ao ouvir a história de Natan, Davi encolerizou-se contra o homem rico e disse ao profeta:

> 5[...] Pela vida do SENHOR, quem fez isso é digno de morte! 6Devolverá quatro vezes o valor da ovelha, por ter cometido tal ato e não ter tido piedade. (*2 Samuel*, 12:5-6)

Natan revelou ao rei que aquele homem rico era ele próprio, pois podendo ter qualquer coisa ao seu alcance, ainda não estava satisfeito; que desprezando o Senhor, havia cometido um ato grave, ferindo Urias e tomando para si sua mulher.

---

6. A parábola foi relatada na íntegra nos "Esclarecimentos Introdutórios" deste volume.

Por fim, Natan concluiu com as palavras do Senhor:

> 11[...] Na tua própria casa farei surgir a desgraça contra
> ti. Tomarei as tuas mulheres, debaixo dos teus olhos, e as
> darei ao teu próximo, que se deitará com as tuas mulheres
> à luz deste sol. 12Tu agiste em segredo, mas eu cumprirei
> tudo isso perante a face de todo o Israel e à luz do sol! (2
> *Samuel*, 12:11-12)

Por trás dessa parábola, há uma lição bastante relevante. Se Natan tivesse simplesmente se aproximado do rei e declarado: "Vim aqui condená-lo pelo que o senhor fez", Davi provavelmente teria mandado executá-lo. Mas o profeta utilizou o efeito da parábola como um instrumento para ser ouvido.

A parábola tem um tom de curiosidade: é uma história que prende o ouvinte ou o leitor. Isso é algo que faz falta em nossas famílias nos dias de hoje. Que coloquemos as cadeiras na calçada e contemos histórias educativas que tragam reflexões essenciais para nossos filhos. É ouvindo e refletindo a ilustração mental de uma parábola que criamos nosso mundo interior e desenvolvemos nosso raciocínio. Foi a curiosidade que fez com que o rei ouvisse toda a história, refletisse sobre ela e, ainda por cima, se indignasse, chegando ao ponto de querer punir aquele que tinha cometido a desfeita. Esse exemplo demonstra o potencial de uma parábola quando aplicada à realidade de nossas vidas.

E Natan ainda profetizou:

13[...] Por sua parte, o SENHOR perdoa a tua falta: não mor-
rerás. 14Mas, por teres ultrajado ao SENHOR com o teu proce-
dimento, o filho que tiveste morrerá. (*2 Samuel*, 12:13-14)

Essa temática está presente no *Evangelho* de Jesus, e a doutrina espírita a chama de lei de causa e efeito, tão bem colocada em *O livro dos Espíritos*.

Davi, mesmo sendo rei, protegido de Deus, com todo seu exército e seu poder, foi punido, por mais que tenha orado e se sacrificado.

A punição é a representação bíblica do *Antigo testamento* para a lei amorosa de causa e efeito. Como consequência de seus atos, seu primeiro filho, fruto da união com Betsabeia, morreu. Como a bondade de Deus é infinita, mais tarde o rei foi agraciado com seu segundo filho, Salomão, que acabou sendo um grande sábio e rei de Israel.

Essa história demonstra que colhemos aquilo que plantamos, que aquele que erra, não importa quem seja, terá que saldar o seu débito, uma lei que torna essa parábola fantástica.

Muitas vezes temos em mente que parábolas só existem no *Evangelho*, quando, na verdade, elas existem em grande número na primeira revelação, ou seja, no *Velho testamento*. Expressar-se por meio de parábolas é a forma de linguagem primária do povo de Israel e de muitos outros povos orientais, que inclusive usam parábolas rabínicas, que são uma forma de *midrash* (מדרש). Um *midrash* traz ensinamentos transmitidos na forma oral, tradição de estudo do povo de Israel.

Dessa parábola de Natan podemos extrair muitas lições, pois nela há muitas "variáveis". A interpretação depende do conhecimento, entendimento, condição espiritual, evolução moral e cultura que temos no momento da leitura. É por essa razão que ela é tão rica para aqueles que a leem e a interpretam com fundamento, pois essas pessoas conseguem extrair todo o benefício que ela traz em seu contexto.

Naturalmente, qualquer parábola analisada poderia gerar discussões que se estenderiam por dezenas de páginas e, ainda assim, não se esgotariam as possibilidades de interpretação e os ensinamentos nela contidos. Essas reflexões frequentemente se distanciam da abordagem objetiva que caracteriza a evolução do pensamento ocidental, o que causa, muitas vezes, estranhamento e dificuldades de interpretação para a maioria de nós, ocidentais.

Constantemente, temos o hábito de "colocar tudo em caixinhas" e de achar que sabemos tudo sobre determinado assunto. Desta forma, nossa evolução intelectual e espiritual fica estagnada. Natan estava tendo a possibilidade de chamar a atenção do rei sobre o tamanho do equívoco que ele havia cometido, e, ao mesmo tempo, a própria consciência de Davi despertou: o rei pôde perceber seus equívocos por meio da reflexão provocada. É isso que sobressai de mais brilhante tanto nesta, quanto em qualquer outra parábola.

A próxima história encontra-se em *Deuteronômio*:

> 10Quando saíres para guerrear contra os teus inimigos, e
> o SENHOR teu Deus os entregar em tua mão, e tiveres feito
> prisioneiros, 11caso vejas entre eles uma mulher formosa
> e te enamorares dela, tu a poderás tomar como mulher
> 12e trazê-la para tua casa. [...] (*Deuteronômio*, 21:10–12)

Uma leitura superficial desse versículo poderia causar espanto, fazendo-nos exclamar que a primeira revelação é muito agressiva. A interpretação dos versículos acabaria, então, sendo colocada em um rótulo, dentro de uma "caixinha" em que se cria um conceito, dado como entendido e finalizado. A literalidade sufoca o espírito da letra.

No entanto, o livro *O Zohar* – obra fundamental da *Kabalá* –, chamado de *O livro do esplendor*, ao explicar essa passagem, nos informa que "saíres para guerrear contra os teus inimigos" significa viver no plano físico com as nossas imperfeições morais; e "trazê-la para tua casa" (como escrava) significa domá-la, isto é, dominar nossas más inclinações.

Quando analisamos a parábola, podemos concluir que não existe um inimigo externo em questão; em vez disso, ela está falando de um inimigo interno.

Ainda com a finalidade de ilustrar ao amigo leitor, trazemos mais uma parábola rabínica de *O Zohar*:

> **Havia um rei muito poderoso, que tinha o maior de todos os impérios e que tinha um filho. Um único filho. Ele não tinha mais nenhum herdeiro e, por esse motivo, não podia deixar que esse filho se perdesse pela estrada da vida. Então, ele falou ao filho:**

— Você não pode, em hipótese alguma, casar-se com uma mulher má, com uma prostituta![7]

Se isso acontecesse, a descendência do reino estaria condenada, porque, dentro do judaísmo, a educação na primeira infância[8] é dada pela mãe. Por conta disso, o rei ensinou, instruiu e alertou o filho em todos os momentos. Quando achou que o filho estava preparado, o rei foi até a cidade, pediu para que chamassem a mais bela de todas as meretrizes e, então, ordenou-lhe que seduzisse seu filho. Por essa razão, em dada oportunidade, o príncipe começou a receber beijos e carícias da linda mulher; mesmo assim, ele não caiu naquela tentação e conseguiu se afastar.

Quando o filho chegou em casa, o rei já sabia que ele havia tido êxito na provação em que foi colocado. Então, o rei mandou cobri-lo de todas as honras e falou:

— Você está pronto para reinar, meu filho. Agora você pode escolher com quem é que vai casar-se.[9]

---

7. Lembremos que, no *Antigo testamento*, "prostituir-se" não tinha somente a conotação da prostituição sexual. Encontramos esse termo em vários livros da antiguidade. Um exemplo é o livro do profeta Oséias, que conta que o povo de Israel se "prostitui" por infringir as leis divinas. Todas as vezes que infringimos uma lei divina, estamos vendendo-nos por uma paixão material. Não há aqui, portanto, nenhum tipo de sexualidade em si; essa é uma ideia, ou uma história, milenar.

8. Vemos um exemplo da importância e da valorização do papel da mulher com relação à educação dos filhos.

9. Ariel Bension, *O Zohar: o livro do esplendor*, Polar.

Essa história fala sobre nossas dificuldades interiores. O rei representa Deus: Ele nos prepara para os nossos combates interiores escrevendo suas leis na nossa consciência; Ele nos treina para vencermos as provas e expiações colocadas em nossas vidas. Assim, com o uso do livre-arbítrio e do esforço íntimo, seremos capazes de vencer nossas más inclinações, assim como as dificuldades morais e íntimas que ainda estão vivas em todos nós. Na parábola, quando o filho vence essa tentação, ele representa todos os fiéis que, ao vencerem suas más inclinações, reconhecem a honra de se aproximar de Deus e de conseguir ascender e potencializar sua própria centelha divina, o que os torna Espíritos mais luminosos. Contudo, a questão trazida pelo *Talmud* (תלמוד) está representada na pergunta que o rei faz ao filho: "O que te levou a essa honra?" E o filho responde, de maneira precisa: "Foi a prostituta, meu pai."

A lição que fica é que a imperfeição moral, atrelada à matéria – levando em consideração os desafios que a matéria impõe sobre nossas vidas –, quando superada, é o motivo pelo qual devemos sentir felicidade e ter honra, no sentido espiritual.

É daí que nasce o mandamento "Amai os vossos inimigos". É muito comum afirmarmos que não temos inimigos nesta vida. A questão é: não estamos falando de outras pessoas, pois nossos maiores inimigos estão dentro de nós. Conforme os ensinamentos do Espírito Aulus na obra *Nos domínios da mediunidade*:

Somos vasta legião de combatentes em vias de vencer os inimigos que nos povoam a fortaleza íntima ou o mundo de nós mesmos, inimigos simbolizados em nossos velhos hábitos de convívio com a natureza inferior, a nos colocarem em sintonia com os habitantes das sombras, evidentemente perigosos ao nosso equilíbrio.[10]

Nossos maiores inimigos são nossas imperfeições morais. Consequentemente, amar nossos inimigos significa olharmos para nossas chagas e dificuldades morais e acolhê-las, abraçá-las. Afinal, se temos uma ferida no braço e a ignoramos, deixando-a sem tratamento, não podemos, inclusive, perder esse braço? No entanto, se admitirmos essa ferida e tentarmos compreender sua causa, se aplicarmos o medicamento indicado, mantendo-a limpa e fazendo curativos que a protejam, abraçaremos nossas mazelas íntimas, amaremos os inimigos que vivem dentro de nós e criaremos condições para que eles se tornem caminhos que nos levarão ao esplendor espiritual.

Todas as parábolas da primeira revelação são belíssimas. Necessitamos, porém, de recursos para conhecê-las profundamente e conseguirmos enxergar a grandeza que elas encerram. Este estudo evidencia a importância de "viajarmos" para 5.700 anos atrás e de penetrarmos na origem da humanidade bíblica por meio da grande "Parábola do Jardim do Éden". Para isso, sugerimos uma bela obra, chamada *No jardim da Torá*, escrita pelo rabino

---

10. Francisco Cândido Xavier, Espírito André Luiz, *Nos domínios da mediunidade*, FEB, cap. 3.

Eliyahu Touger,[11] na qual é feita uma analogia em que a *Torá* é comparada a um jardim. O autor sustenta que, ao entrarmos nesse jardim, precisamos conhecer seu tipo de vegetação, a qualidade de sua água, de seu solo e como cada ensinamento deve ser "regado" para que a pureza da *Torá* não seja perdida. Com estudos aprofundados, encontraremos muitas informações que estamos deixando de empregar e que iluminam o estudo do *Evangelho*.

Existe uma parábola rabínica que esclarece a necessidade de voltarmos às origens e conhecermos o passado. Essa parábola – que, na verdade é um *midrash* (מדרש) – é baseada no capítulo 51 do profeta *Isaías*. Ela conta o seguinte:

> **Um rei muito poderoso queria construir um edifício. No entanto, no início da construção do alicerce, ele percebeu que o solo era arenoso e lamacento, muito instável para a almejada edificação. Então ele começou a cavar e a cavar e passou a extrair aquele material do seu terreno. Era um solo volúvel, parecia um pântano, mas ele não desistiu. Ele foi cavando, afastando aquela terra instável, que era um perigo para seu prédio, até que, de repente, encontrou uma rocha imensa e, a partir dela, formou um grande lastro sobre o qual ele construiu o edifício.**

11. Eliyahu Touger, *No jardim da Torá*, Chabad.

Em *Isaías*, 51, encontramos o profeta dizendo que Deus escolheu a grande rocha da sua obra, que foram Abraão e sua esposa Sarah. Nos versículos de 1 a 5, ele exalta aquele homem que, acreditando em Deus, realizou a obra divina porque, até a chegada de Abraão, Deus já havia enviado muitos outros.

A história do nosso planeta versa sobre as civilizações pré-bíblicas. Elas não puderam construir o "edifício" de Deus devido à idolatria, ao politeísmo, aos desvios materiais, às conquistas, à tirania e às guerras. Até que Deus afastou todo esse solo inseguro – essa lama que estava atrapalhando o seu projeto – enviando Abraão, que, com sua mediunidade exemplar, ouviu o Seu chamado.

No capítulo 12 do *Gênesis* (בראשית), encontramos a expressão *lech lechá* (לך לך), que significa vai para dentro de ti e reforma-te. Este foi o convite feito a Abraão, que o aceitou; era o convite da reforma íntima que João pregou no deserto, quando preparava o caminho de Jesus; e Kardec trouxe essa máxima de forma completa em *O livro dos Espíritos*, em 1.019 questões. Quando nos sintonizamos com Deus, com Sua história e com Seu amor, acabamos fazendo parte da sua base espiritual. Essa passagem trazida pelo profeta Isaías é, desse modo, um *midrash*, parábola, que condensa toda a história da humanidade. Tudo isso deriva da primeira revelação, de Abraão e de Isaías. Jesus foi o grande revelado de Isaías, já que este é um profeta pré-exílico, messiânico por excelência.

Há um encadeamento, uma engrenagem, um inter-relacionamento entre Abraão, Isaac e Jacó, assim como entre todos os patriarcas. Essa conexão permite que se completem, pois todos se encaixam plenamente no bem.

Moisés e os grandes médiuns também foram profetas e, com mansuetude, executaram um trabalho sem permissividade, mas com uma passividade consciente – isto é, usaram o livre-arbítrio da melhor forma possível.

A possibilidade de estarmos atualmente vivenciando a terceira revelação se dá por causa desses mensageiros do Cristo. Eles foram heróis que antecederam a todos e foram pedras fundamentais, partindo de Abraão, Davi, os profetas, seus sucessores, até Jesus, descendente de Davi, para que chegássemos ao agora. Nesse momento, temos como revelação constituída o Consolador Prometido, anunciado por Jesus no Cenáculo, em Jerusalém, durante a grande festa de *Shavuot*, denominada por *Lucas* de Pentecostes.

Esse grande acontecimento, na festa de *Shavuot*, ocorreu para trazer a grande revelação prometida por Joel, e que Pedro relembrou para aqueles que se encontravam no Cenáculo. Jesus apresentou o grande fenômeno da faculdade mediúnica, profetizado por Joel no passado, que agora se derrama sobre todos os que abraçam esta faculdade como missão divina.

Apresentaremos aqui mais algumas parábolas, cuja discussão é muito significativa. A primeira provavelmente não é muito conhecida pela maioria das pessoas, mas é brilhante.

"Parábola da Providência Divina"

Contam que um homem chegou a um grande rabino e perguntou o que significava *ashgachá pratit* (השגחה פרטית), Providência Divina:

— Eu quero entender o que é e como funciona a Providência Divina.

O rabino, então, falou para ele:

— Meu filho, você subirá no topo da árvore que vou lhe indicar e passará o dia sobre ela. Você não poderá intervir em nada do que você estiver vendo. Dessa forma, você entenderá o que é a Providência Divina e o que é Deus se manifestando nas nossas vidas.

O homem concordou e foi até a beira de um rio, achou a árvore da qual o rabino falara, subiu no topo dela e ficou ali esperando. Não demorou muito tempo para que viesse um homem. Esse homem era um peregrino que já caminhava há horas naquele dia muito quente. Naquela árvore em que o observador estava, havia uma sombra muito boa. Então, o peregrino se deitou à beira do rio e descansou ali sob sua copa. Depois de um tempo, ele se levantou e foi embora. Contudo, o homem que estava em cima da árvore viu que o peregrino havia esquecido, no chão, um alforje cheio de dinheiro.

Logo depois, veio um outro homem. Ao passar pela mesma sombra, falou:

— Descansarei à sombra dessa árvore!

Então, ele descansou. No momento em que se preparava para partir, o segundo homem viu o alforje esquecido ali no mato. Ele falou:

— Nossa! Tudo isso é dinheiro?

Feliz, ele foi embora com o dinheiro. Um pouco mais tarde, veio um mendigo. Esse mendigo estava em estado deplorável, mostrando passar dificuldades em todos os aspectos. Sentou-se embaixo da mesma árvore e, logo depois, o primeiro homem, o que perdeu a bolsa de dinheiro, voltou. Ao encontrar o mendigo, perguntou:

— Onde está meu dinheiro? – Ele procurou pela bolsa, mas não a encontrou, e então disse: – Você o roubou!

Só que o homem estava acompanhado por soldados, que espancaram aquele mendigo e o levaram preso. Aquela cena passou e o homem lá de cima não podia fazer nada, pois seu propósito ali era somente observar e entender o que é a Providência Divina. Quando a noite chegou e ele percebeu que mais nada iria acontecer, ele desceu da árvore, foi até o grande rabino e perguntou:

— Mas isso é Providência Divina? Isso é Deus agindo? Tudo parece muito injusto!

Naquele momento, o rabino explicou-lhe o que tinha acontecido:

— O primeiro homem que apareceu e perdeu a bolsa de dinheiro, em outra encarnação, devia muito dinheiro a alguém. Quando chegou a hora de pagar sua dívida, ele foi a juízo e, em vez de aceitar o decreto do juiz, que o obrigava a pagar o dinheiro, o homem subornou o togado, dizendo: "Olha, eu posso dar metade do dinheiro a você...". Assim, ele comprou sua sentença, e o homem que tinha que receber o dinheiro, não o recebeu. Pois então, o primeiro homem que apareceu e esqueceu a bolsa de dinheiro é o que comprou o juiz, e aquele que achou o dinheiro é o que tinha que ter recebido o dinheiro na outra encarnação.

Ainda incomodado, o homem perguntou:
— Mas, e o mendigo, que apanhou de graça?
E o rabino respondeu:
— O mendigo era o juiz.

Esse é mais um exemplo da lei de causa e efeito e das múltiplas encarnações – e é uma parábola rabínica, ou seja, do judaísmo. O que é possível aprender com essa parábola? Tantos ensinamentos! Podemos perceber a reencarnação como fundamento de análise para o entendimento da providência divina. As percepções materialistas, que não analisam a imortalidade da alma e a lei de causa e efeito, podem distorcer a justiça divina e a maneira como enxergamos a vida. Tudo se encaixa na lei da natureza. Na narrativa, o passado, o presente e o futuro se encontram, e o homem pôde contemplar os efeitos de um no outro.

Essa se parábola se parece muito com a história narrada por Kardec, aquela em que um homem, no topo de uma montanha observa o caminho que percorreu, e o que ainda tinha que enfrentar na estrada, ou seja, o que o esperava à frente na sua jornada. É um exemplo muito claro do passado, presente e futuro se relacionando. E é exatamente assim o que acontece com cada um de nós. Para as pessoas materialistas, a providência divina é aquilo que, no momento, parece desconexo. Se não compreendermos o fenômeno da reencarnação, também não entenderemos a providência divina; não conseguiremos entender, por exemplo, o que significa "Bem-aventurados os aflitos", como expõe Kardec no capítulo 5 de *O Evangelho segundo o espiritismo*. Se é preciso sofrer para sermos felizes, como existem os que sofrem mais e os que sofrem menos? Por que essa desigualdade? Essa desigualdade é justificada pelo que cada um plantou lá atrás, no seu passado. É o que Jesus diz em *Mateus*, 16:28: "A cada um, segundo suas obras".

⁂

Há ainda outra parábola sobre humildade que é de grande importância para este estudo. A história nasce com a batalha de Ebenézer, em que os filisteus roubaram e destruíram o tabernáculo em Shiló e levaram a arca para sua terra. Depois de cometerem esses atos, coisas horríveis começaram a acontecer com eles, como tumores e outras doenças incuráveis. Por conseguinte, eles disseram:

— É melhor devolvermos esta arca para os hebreus, porque ela só nos trouxe problemas.

Para desfazerem a má sorte, eles enviaram um carro, que levava a Arca da Aliança, puxado por dois bois. Esses bois iam de cidade em cidade. Em cada uma delas, a arca era transferida para um novo carro, e os bois eram amarrados a ele para a próxima etapa da viagem. Toda vez que os animais chegavam a um novo local, fazia-se uma festa, e o povo começava a comemorar a vinda da arca para o Templo de Salomão. Por isso, em cada comemoração, os bois diziam:

— Veja, nós somos tão importantes que o povo faz uma festa para nos prestigiar, aonde quer que a gente chegue! Nossa, como somos importantes!

E assim seguiram: a cada noite, uma nova festa; a cada noite, mais convicção os bois tinham de que eram muito estimados, muito adorados pelo povo. Eles sentiam-se realmente muito importantes. Quando chegaram ao último dia de viagem, tiraram a arca e a colocaram no *kodesh hakodashim* (קודש הקודשים), o Santo dos Santos.

O que os bois não sabiam é que, nessa cerimônia, quando a arca chega ao seu destino, é necessário que se faça um sacrifício[12] ao Senhor e, nesse caso, foram oferecidos os dois bois.

A grande lição dessa parábola é: quando não temos humildade e nos julgamos superior aos outros acreditando que somos muito importantes, podemos acabar sendo utilizados pelo Alto como um instrumento, como um "sacrifício", que mostre o quanto Deus é elevado, porque grande só existe Ele. Como dizia Chico Xavier, precisamos ter a consciência de que ninguém é nada mais do que um cisco. Por isso, a doutrina espírita diz que a caridade e a humildade são as duas qualidades indispensáveis na vida do ser humano.

12. A doutrina espírita não admite o sacrifício de animais, mas observamos a representatividade simbólica do sacrifício para o povo de Israel, que extinguiu os sacrifícios de animais como simbolismo bíblico no ano 70 d.C. Esse simbolismo em relação ao sacrifício faz menção ao contexto histórico e social no qual o povo, que vivia em uma sociedade comercial/agrícola, obtinha excessivas limitações tecnológicas e climáticas naquela região de baixa pluviosidade. O sacrifício estava contido não no derramar do sangue, efetivamente, mas no sentimento de doação de bem precioso em oferta ao Criador Celestial.

A atitude dos bois mostra que, quando começamos a nos julgar melhores que os outros e a nos dar o valor e a importância que não temos, de alguma forma, acabamos sendo encaminhados, pelo Alto, para que o nosso orgulho e egoísmo sejam destruídos.

Essa parábola nos remete a uma declaração da Madre Teresa de Calcutá. Certa vez, após discursar, a missionária foi muito aplaudida pelo público. À vista disso, um padre que estava ao seu lado disse: "Eu não gosto que me aplaudam", ao que ela respondeu "Pois eu gosto de ouvir todos esses aplausos, pois eles não são para mim. Eles são para Jesus, e eu gosto que eles aplaudam Jesus".

Quando um palestrante religioso profere uma palavra – independentemente de sua religião – e acredita que os aplausos são para ele, precisa ter em mente que, na verdade, os aplausos são para Jesus.

Ele está em uma condição em que ainda precisa desenvolver a humildade, mas não uma falsa humildade, que é anunciada aos quatro ventos. Para essa conquista, precisamos trabalhar para não acabarmos, como os bois que puxavam a Arca Sagrada, sendo sacrificados devido à invigilância, à imprudência e ao orgulho.

⁂

A próxima parábola, também rabínica, poderá acrescentar outra lição bastante importante a este estudo. Ela conta a história de um homem muito pobre, mas com o desejo de se tornar muito rico, que ouve falar de uma terra muito distante.

Dizem que havia uma terra que era riquíssima em pedras preciosas e que, na rua, o chão, o cascalho, a terra e até o pó da terra eram feitos de diamantes. Bastava nos abaixar para pegarmos a quantidade de riqueza que quiséssemos e poderíamos ir embora mais ricos. Um homem ouviu sobre esse lugar e ficou obcecado com a ideia de ir para lá. Então, ele avisou a família, preparou-se para a viagem e embarcou na direção dessa terra.

Ao chegar ao local do qual ele tanto ouvira falar, ficou encantado com a quantidade de pedras e diamantes que havia lá. Quanta riqueza estava exposta naquela terra! Ele se abaixou, pegou um montinho de pedras, colocou-as no bolso e falou:

— Agora, vou fazer um banquete nessa terra para que todos vejam o quão rico eu sou.

Ele contratou muitos serventes, mandou que servissem as melhores comidas e bebidas e montou um banquete farto para que todos se alimentassem. Ao final da festa, por conseguinte, ele tinha que pagar pelos serviços prestados. Um servente chegou até ele, e, para demonstrar toda a sua nova riqueza, o homem colocou a mão no bolso, tirou um diamante enorme e falou:

— Toma. Esse é o seu pagamento.

Apesar disso, o outro homem respondeu:

— Mas aqui, nessa terra, isso é cascalho; a riqueza verdadeira são os peixes. Para o nosso povo, se você quer ser rico, precisa ter peixes!

O homem, surpreso, perguntou:

— E agora, o que eu faço?

— Você terá que trabalhar para pagar esse banquete!

Por essa razão, ele passou muitos anos trabalhando, sem voltar para casa.

Quando ele terminou de pagar aquela dívida, pensou:

— Preciso voltar para a minha terra, mas não vou voltar na mesma condição em que saí de lá: preciso voltar rico. Então, vou trabalhar mais.

E assim, ele ficou trabalhando por muitos anos mais naquela terra, pegando os peixes que ele recebia como salário e guardando-os no barco em que viera. Até que, finalmente, ele voltou para sua terra natal. Quando chegou ao porto, viu sua família toda esperando para ver o quão rico ele havia se tornado. Naquele momento, ele mostrou o tesouro que tinha trazido. Entretanto, os peixes já estavam podres e fediam muito. Essa parábola é basicamente uma analogia com a jornada reencarnatória de cada um. Como diz a doutrina dos Espíritos, o Espírito precisa da matéria para evoluir. Quando nos encontramos do "outro lado", sabemos que vamos para uma terra onde a matéria é o veículo para a nossa evolução espiritual. No entanto, ao chegarmos aqui, não sabemos mais exatamente o que é riqueza, o que viemos buscar verdadeiramente, e nos perdemos no meio desse caminho. No final das contas, acabamos acumulando os bens errados. Achamos que estamos acumulando diamantes quando, na verdade, o que viemos buscar – os diamantes da evolução espiritual – é confundido com a matéria. Acabamos correndo demasiadamente atrás dos bens materiais e guardamos "peixes" que estragam rápido, ficam sem utilidade e, ainda por cima, acabam nos repugnando com seu odor.

Quando desencarnamos, chegamos ao outro plano e somos recebidos por nossos entes queridos que nos aguardam após essa viagem a uma terra distante. Nesse momento, mostramos o que trouxemos dessa viagem, que, muitas vezes, são apenas recursos degenerantes.

A grande lição da parábola não é novidade para os que conhecem nossa doutrina: reencarnamos para buscar riquezas, não as do plano físico, mas as que motivam a evolução espiritual.

⁂

Para finalizarmos esta introdução, elaboraremos algumas analogias com o intuito de facilitar a compreensão dessa relação entre o mundo espiritual e aquilo que levamos em nossa viagem.

Vamos imaginar que somos dentistas. Como profissionais preventivistas, valorizamos muito a higiene bucal, pois a boca é não apenas uma das principais vias de contaminação do organismo, mas também um dos meios fundamentais para reestabelecermos nossa saúde.

Atuando nessa profissão, a primeira recomendação a nosso paciente será uma escova de dentes e um método adequado de escovação. Embora muitos afirmem que jamais viajam sem sua escova de dentes – tamanha é a importância desse item –, quando nos dirigimos ao mundo espiritual, muitos de nós nem a "escova" levam.

Se fôssemos para o meio da floresta amazônica, a sobrevivência seria impossível sem capacitação ou treinamento. Precisaríamos saber quais itens levar: botas de borracha, repelente, protetor solar facial, tela de proteção contra mosquitos, entre outros. Precisaríamos ir devidamente preparados.

O mundo espiritual funciona da mesma forma. Os Espíritos ensinam que devemos nos preocupar em levar para lá aquilo que não é material, pois Jesus declarou: "Meu reino não é deste mundo". Suas parábolas nos preparam especialmente para essa realidade, e é por essa razão que o Mestre nos conta tantas parábolas sobre o Reino dos Céus.

Através deste livro, pretendemos iniciar um trabalho de aprofundamento, nos próximos capítulos, no estudo das parábolas de Jesus, explorando as raízes rabínicas e judaicas dos seus ensinamentos.

Ao trazer esse entendimento, que será analisado à luz da doutrina espírita, esperamos oferecer ensinamentos básicos e ferramentas capazes de levantar o véu das informações indispensáveis para a melhor compreensão dos ensinamentos de Jesus.

Sabendo que as parábolas são inesgotáveis, não há aqui a ambição de esgotar o estudo de seu conteúdo. Em vez disso, buscaremos analisar o conteúdo judaico-cristão-espírita dessas narrativas, contribuindo para uma compreensão das suas mensagens.

A ideia a ser explorada aqui é a de apresentar um Jesus que está presente na doutrina espírita e que trouxe o *Evangelho*, mostrando suas raízes judaicas – de quem, inclusive, frequentava sinagogas –, que marcam sua origem na Terra. Afinal, se Jesus teve alguma religião, esta foi o judaísmo.

Diante desses conceitos novos, necessitamos nos preparar para receber o ensino de Jesus de uma forma universal como são suas parábolas. ★

Capítulo 1

"PARÁBOLA DO SEMEADOR"

1Naquele dia, saindo Jesus de casa, sentou-
se à beira-mar. 2Em torno dele reuniu-se uma
grande multidão. Por isso, entrou num barco e
sentou-se, enquanto a multidão estava em pé na
praia. 3E disse-lhes muitas coisas em parábolas.
Ele dizia: "Eis que o semeador saiu para semear.
4E ao semear, uma parte da semente caiu à
beira do caminho e as aves vieram e a comeram.
5Outra parte caiu em lugares pedregosos, onde
não havia muita terra. Logo brotou, porque a
terra era pouco profunda. 6Mas, ao surgir o sol,
queimou-se e, por não ter raiz, secou. 7Outra ainda
caiu entre os espinhos. Os espinhos cresceram
e a abafaram. 8Outra parte, finalmente, caiu
em terra boa e produziu fruto, uma cem, outra
sessenta e outra trinta. 9Quem tem ouvidos, ouça!"

MATEUS, 13:1–9

1

1. Introdução

A "PARÁBOLA DO SEMEADOR" PODE PARECER, À PRIMEIRA vista, uma parábola simples. No entanto, ela pode ser considerada a mais importante de Jesus, pois foi através dela que Ele lançou a primeira semente dos seus ensinamentos. Os ensinamentos dessa parábola podem parecer corriqueiros, mas, de modo geral, ainda não são plenamente aplicados nos tempos atuais.

Por mais que compreendamos o que está sendo dito e que ela já tenha sido amplamente estudada, ainda há muito a ser aprendido. Cada palavra, cada versículo carrega profundidade e significado, pois o *Evangelho* é um código de amor. Nele há tanta luz que apenas descobri-la já é uma bênção. No entanto, praticá-lo deve ser um esforço diário, presente em todos os momentos da nossa vida.

Mateus foi o biógrafo evangélico de Jesus mais messiânico, mais histórico, didático e completo. Ele organizou os ensinamentos de Jesus em cinco grandes sermões:

- O primeiro, com três capítulos, é o "Sermão da Montanha" (capítulos 5, 6 e 7).
- O segundo é o capítulo 10, que trata dos missionários do Reino, ou seus discípulos, apresentando ensinamentos, profetismo, preparação para a vida e orientações.
- O terceiro, o capítulo 13, que será estudado neste livro, possui somente sermões e parábolas.

- O quarto, o capítulo 18, em que Mateus fala do "Sermão Comunitário" e se dirige para as crianças e para as comunidades.

Os quatro primeiros sermões foram proferidos na Galileia. Por fim, o "Sermão Escatológico", ou "Profético", registrado nos capítulos 24 e 25 de *Mateus*, foi pronunciado na Judeia, em Jerusalém.

Que possamos iniciar nossa análise com Jesus nos norteando e assistindo.

Assim como há cinco sermões no *Evangelho de Mateus*, existem também cinco livros na *Torá*. Essa correspondência reflete um começo, meio e fim – um alfa e ômega, ou um *alef* (א) e um *tav* (ת).

A semelhança marcante, e o próprio Mateus evidencia isso ao apresentar Moisés e Jesus como judeus, atribuindo-lhes um elo em comum. Moisés recebeu a *Torá* no Monte Sinai, e Mateus apresenta Jesus como um "segundo Moisés". Ele é o "novo Moisés", o Messias anunciado nas escrituras, subindo uma nova montanha para explicar o que Moisés recebeu na primeira.

Para compreendermos melhor o *Evangelho*, devemos estar abertos a captar esse sentimento judaico de Jesus – que hoje transformou-se em um sentimento cristão para os ocidentais –, bem como sua convivência nos ministérios na Galileia, Samaria e Judeia, algo que Mateus transmite com muita propriedade.

Neste estudo temos cinco sermões, que podem ser vistos como uma espécie de pentateuco: a *Torá*, recebida no Monte Sinai; e a *Torá*, explicada por Jesus na Galileia, no Monte das Beatitudes.

Após escolher seus discípulos, Jesus começou a plantar sua semente – *zéra'* (זרע), em hebraico. Essa semente traz em seu gérmen raízes extremamente profundas e, por isso, antes de começar a plantá-la, Ele se preparou e se revestiu de muitos princípios.

Todos esses princípios estavam fundamentados no judaísmo, mas sob uma nova visão – uma perspectiva iluminada de amor, fraternidade e perdão, como ensinada por Jesus.

Mateus diz que Jesus saiu de casa. Naquele momento, Ele estava em Cafarnaum, na casa de Pedro, que o acolheu – diferente de seus irmãos da sinagoga de Nazaré, que não o receberam.

Jesus foi para Cafarnaum para cumprir a profecia de Isaías, no seu capítulo 9: "Terra de Zabulon e Neftali... o povo que andava nas trevas viu uma grande luz".

Foi exatamente nessa região, onde estavam as duas tribos dos filhos de Jacó – Neftali e Zabulon – que chegou a luz do Cristo. Cafarnaum encontra-se precisamente na área geográfica onde essas tribos foram assentadas. Portanto, este é o momento ideal para explorar as visões judaico-cristãs – ou estritamente judaicas – que cada estudioso possui como suporte para um estudo aprofundado das parábolas.

Após essas considerações iniciais, daremos início ao estudo da "Parábola do Semeador". Procuraremos introduzir o sentimento, as razões e as colocações de Jesus, bem como seus objetivos maiores.

Percorreremos essa trajetória para que possamos compreendê-la mais profundamente, ainda que não seja possível explorar todo o conteúdo dessa parábola. Nosso principal objetivo é destacar determinados pontos dessa narrativa para refletirmos e aprimorarmos o ensino recebido de Jesus.

De início, há a importante colocação trazida por Allan Kardec, em *A gênese*: "Ninguém é profeta na sua terra". E segue:

> **O hábito de se verem desde a infância, em todas as circunstâncias ordinárias da vida, estabelece entre os homens uma espécie de igualdade material que, muitas vezes, faz com que a maioria deles se negue a reconhecer superioridade moral de quem foram companheiros ou comensais, que saiu do mesmo meio que eles e cujas primeiras fraquezas todos testemunharam. Sofre-lhes o orgulho com o terem de reconhecer o ascendente do outro. Quem quer que se eleve acima do nível comum está sempre em luta com o ciúme e a inveja. Os que se sentem incapazes de chegar à altura em que aquele se encontra esforçam-se para rebaixá-lo, por meio da difamação, da maledicência e da calúnia; tanto mais forte gritam, quanto menores se acham, crendo que se engrandecem e o eclipsam pelo ruído que promovem. Tal foi e será a história da humanidade, enquanto os homens não houverem compreendido a sua natureza espiritual e alargado seu horizonte moral. Por**

aí se vê que semelhante preconceito é próprio dos Espíritos acanhados e vulgares, que tomam suas personalidades por ponto de aferição de tudo.[13]

Jesus não foi aceito nem mesmo em Nazaré, sua terra. Somente subiria a um palco que estivesse à sua altura – onde pudesse não apenas lançar suas sementes através da palavra, mas também exemplificar seu *Evangelho* – quando chegou no *Kineret* (כינרת), Mar da Lira ou da Harpa, Mar da Galileia ou Lago de Genesaré (*Guinossá*) ou, ainda, Lago de Tiberíades.

Uma boa analogia é a história do rei Davi e sua harpa. Ao sentar-se e tocar sua harpa, o rei entoava os Salmos – Jesus fez referências aos principais Salmos em seus discursos – que ele recebia em um processo mediúnico, por meio de psicografia, psicofonia e também por inspiração.

Esses Salmos marcariam a trajetória espiritual da humanidade e seriam de fundamental importância para que pudéssemos compreender, não apenas o *Antigo*, mas também o *Novo testamento*. Jesus, no entanto, era um Espírito crístico e precisava de uma "harpa" à sua altura para que pudesse ser ouvido quando começasse a entoar suas bênçãos – assim como fez Davi – trazendo a palavra e a mensagem do próprio Deus, criador dos céus e da terra, revelado à humanidade no Monte Sinai ao povo de Israel.

---

13. Allan Kardec, *A gênese*, FEB, cap. 17, item 2.

Como médium de Deus, Jesus necessitava de uma harpa (*kinor*, em hebraico) do seu tamanho.

É por essa razão que Ele foi falar em um mar de águas doces, e não salgadas. Esse mar com o formato de uma harpa simbolizava a grandiosidade do cântico que ecoaria na história da humanidade por toda a eternidade. O Mestre escolheu um palco no qual pudesse entoar suas palavras, que soariam como um cântico e que se tornariam de fundamental importância para que pudéssemos refletir sobre elas.

Essa mensagem é eterna e, por isso, quanto mais a estudamos, mais temos o que aprender com ela. Mesmo que mundos infinitamente superiores ao planeta Terra fossem descobertos e visitados por nós, essa mensagem permaneceria como a Boa Nova. Ela ainda é a maior de todas as novidades e o maior de todos os propósitos. Obviamente, em outros planetas, ela talvez tivesse novos horizontes. Mas, para todos nós na Terra, ela ainda será o propósito de aprendizado do espírito de cada um.

Em Tiberíades, aqueles que escreveram o *Talmud* de Jerusalém (*Talmud Yerushalmi* – תלמוד ירושלמי), o compêndio das tradições orais do povo de Israel, diziam, ao reunirem o Sinédrio, que, quando o Messias chegasse, o nível do Lago de Genesaré – o *Kineret* – estaria ainda mais elevado que a própria Jerusalém. Tiberíades é uma cidade fundada ao redor do Lago de Genesaré, que se encontra a quase 220 metros abaixo do nível do Mar Mediterrâneo.

5Se eu me esquecer de ti, Jerusalém,
que me seque a mão direita!
6Que me cole a língua ao paladar
caso eu não me lembre de ti. [...]
(*Salmos*, 137:5-6)

אם אשכחך ירושלים תשכח ימיני

תדבק לשוני לחכי אם לא אזכרכי אם לא אעלה את ירושלם על ראש שמחתי

Jerusalém, no entanto, nessa epopeia do *Evangelho*, talvez seja o caminho pelo qual possamos seguir os passos do próprio Cristo, que fez do Mar da Galileia seu palco. Esse palco foi necessário – como veremos em seguida, no primeiro versículo, quando Jesus saiu de casa – para que houvesse a condição ideal, e ele pudesse exercer sua conduta de ensinamentos.

Ao falarmos do conceito de religião, constatamos que no Ocidente há uma concepção diferente daquela do Oriente Médio. Quando alguém diz que é judeu, está "respirando" uma tradição. O judeu vive uma tradição e essa tradição (ou religião) faz parte da sua conduta moral e do seu comportamento desde o momento em que ele acorda.

Quando um judeu abre os olhos, a primeira coisa que diz é:

מודה אני לפניך מלך חי וקיים שהחזרת בי נשמתי בחמלה רבה אמונתך

"Dou graças perante Ti, ó Rei vivo existente, que devolveste a minha alma com piedade, grande é a Tua fé em mim." E, assim, inicia-se um caminho com o qual ele se conduz em todos os momentos. E por que isso é importante? Porque Jesus estava na Galileia, falando para aqueles que, no *Talmud*, são chamados *amei arets*

(העמי ארץ), “o povo da terra”. O *Talmud* nos diz que se um *‘am arets* pegasse um pouquinho de terra e a colocasse na boca, ele seria capaz de dizer qual a melhor semente para se jogar sobre aquele solo.

No entanto, os fariseus – e aqui devemos entender fariseus como os grandes estudiosos de Jerusalém, e não necessariamente aqueles que viviam na Galileia – desprezavam os *amei arets* (galileus), pois estes dedicavam-se à agricultura. Jesus, ao falar para esses judeus, utiliza uma linguagem que é a base da vida diária daqueles que o estão ouvindo. Isso, entretanto, não é uma realidade que se aplica às pessoas no Ocidente, onde, ao nos depararmos com os textos do *Antigo* e do *Novo testamento*, encontramos uma linguagem distinta daquela que utilizamos no dia a dia. Os pensamentos são diferentes, assim como a concepção de religião, o que demanda explicações mais detalhadas.

Para compreender plenamente a mensagem de Jesus, é fundamental analisar o contexto, não só religioso, mas também social, político e cultural do momento, do local e do público para quem Jesus pregou.

Outro exemplo da importância de estudarmos o contexto histórico e cultural do povo de Israel está no clima, onde as chuvas ocorrem predominantemente no inverno. Quando chove fora de época, essa chuva é considerada uma bênção e, nesse caso, o povo judeu reza em agradecimento três vezes por dia, recitando, em hebraico, uma bênção pela chuva: *Mashiv haruach umorid hagueshem* (משיב הרוח ומוריד הגשם). Devido à escassez desse fenômeno, o Mar da Galileia, por ser de água doce, torna-se um canteiro onde nascem várias espécies importantes para a agricultura da região. Essas espécies, que dependem dessas chuvas esporádicas durante o verão, também fazem parte do contexto das parábolas.

Jesus deixou Nazaré e passou a viver na casa de Simão Pedro, situada a menos de 50 metros do Lago de Genesaré. Foi ali, no posto de coleta de impostos de Cafarnaum, que Mateus Levi foi chamado, quando ainda atuava como coletor de impostos, um publicano. Esse posto de coleta de impostos estava ali justamente por haver fartura agrícola proporcionada pelo lago, diferentemente de outros lugares de Israel. No entanto, o povo não vivia na fartura, mas sim na miséria. Todos conhecem a política de pão e circo. Em Roma, havia um milhão de habitantes durante os tempos dessa política. Era um milhão de habitantes que recebia pão – comida gratuita fornecida pelo Estado – e entretenimento. O Circo Máximo e o Coliseu realizavam verdadeiros espetáculos de horror, disponibilizando mais de 350 mil assentos para a população assistir. E de onde vinha esse pão que sustentava as grandes tropas romanas – tropas incumbidas de lutar, não de arar a terra? De onde vinham os impostos que sustentavam Herodes, seu palácio e seu reinado?

A resposta é muito simples: dos impostos arrecadados na Terra de Israel, principalmente na região agrícola da Galileia.

A agricultura também era explorada para manter Herodes e Roma, sustentando a política de pão e circo, Pôncio Pilatos e as doações ao templo. Era todo um império que vivia por meio da exploração abusiva dos agricultores.

A palavra de Jesus, não por coincidência, era dirigida aos agricultores e pescadores, pois viviam na simplicidade. Na época imediatamente após a colheita, os publicanos exploravam a produção obtida. Na verdade, eram os responsáveis primários por essa exploração.

As pessoas mais humildes eram obrigadas a dividir, por meio dos encargos de impostos muito altos, sua pequena produção familiar com todos os outros que ocupavam posições mais elevadas. Além disso, deveriam reservar uma parte da colheita para replantio, e, para isso, necessitavam de sementes.

Diante dessas condições, podemos ter certeza de que, na época de Jesus, vivia-se uma situação de fome constante. Quando um agricultor semeava um campo, sua maior esperança era que as sementes germinassem, pois, mesmo que isso acontecesse, haveria fome. Se muitas delas se perdessem, a escassez seria ainda maior.

Quando contextualizamos as parábolas de Jesus, devemos pensar no agricultor de sua época e não no agricultor moderno, que conta com sementes geneticamente modificadas, defensivos agrícolas, tratores e monocultura.

O agricultor dos tempos de Jesus é aquele da agricultura familiar, cuja pequena produção era, em grande parte, "roubada". Essa sua produção era constituída a partir de sementes valiosíssimas, nas quais ele depositava toda sua esperança, com fé de que elas germinariam, pois delas dependiam sua família e um império. Esse era o agricultor de quem e para quem Jesus falava.

O curioso é que o Mestre utilizou a palavra "semeador", não "agricultor" – e certamente há um motivo para isso, como veremos.

Com a delineação desse contexto, situando a Galileia daquela época e compreendendo como Jesus utilizava o Mar da Lira – o *Iam Kineret*, com sua forma de harpa espiritual – percebemos como Mateus apresenta um cenário no qual todos tinham consciência dos problemas aqui apresentados. Eles não apenas os conheciam, mas os viviam na pele. Todos tinham uma aspiração à liberdade, uma vez que eram vítimas da política e da força romana.

Nesse ínterim, Jesus prepara seu leito de trabalho nessa primeira parábola: a "Parábola do Semeador".

Façamos uma análise metafórica de que Jesus começou seu trabalho "tocando sua harpa" nas águas do Mar da Lira, o Mar da Galileia, e assim retornamos a Moisés, que, no primeiro versículo do *Gênesis*, refere-se à água. A primeira criação do planeta foi a água, em hebraico, *maim* (מים), enquanto *shamaim* (שמים) significa "cheio d'água", remetendo ao Mar da Galileia, o *Iam Kineret*. Essa água é seguida pela terra, que representa o planeta em si, mas não o solo pronto para o plantio. Para que a terra seja fértil, ela precisa primeiro ser aperfeiçoada, o que corresponde ao conceito apresentado por Moisés em *Gênesis*, 2:7: *adamá* (אדמה).

וייצר ה׳ אלהים את האדם עפר מן האדמה ויפח
באפיו נשמת חיים ויהי האדם לנפש חיה

Não é sobre qualquer terra que ele está falando, mas de *adamá*, a terra já purificada e aperfeiçoada. Essa terra fornece as condições para a chegada do homem. Portanto, o *haarets* (הארץ), "terra", do versículo 1, se transforma, em *Gênesis*, 2:7, e passa a participar da criação do homem Adão, como *adamá*.

Jesus deseja, portanto, plantar a semente nesse Adão, que era, simbolicamente, o homem e o agricultor da Galileia daquela época. Ele quer semear uma semente espiritual e não material, cujo desenvolvimento todos já conheciam.

O Mestre, como está escrito logo no primeiro versículo do capítulo 13 do *Evangelho de Mateus*, tomou uma atitude e ensinou à humanidade que, para realizarmos qualquer coisa é necessário que nos libertemos do comodismo e do repouso. Assim, o versículo se inicia com Jesus saindo de casa naquele dia. Ele abandonou o local onde podia desfrutar de conforto e aproveitar de forma tranquila o vento do Mar da Galileia. Preferiu dizer "não" a todas essas comodidades em favor de outra semeadura.

Encontrava-se, então, em uma situação na qual precisava conectar a fala de Moisés – que todos já conheciam –, ou seja, que a plantação fora feita com as águas – o *shamaim*, no primeiro versículo do *Gênesis* – e o *adamá* – do *Gênesis*, 2:7.

Jesus une os dois elementos, forma o homem e, a partir daí, não se limita mais a semear a terra, mas passa a semeá-la em função do homem. A perfeição e a pureza, portanto, derivam do *adamá*, que vem do *afar*, o "pó da terra", que *O livro dos Espíritos* chama de "o limo", e que Emmanuel nomeia de "protoplasma" em *A caminho da luz*.[14] *Afar min ha adamá* formou o corpo físico; no entanto, esse corpo também recebeu a centelha espiritual. É nesse solo material, animado pela centelha espiritual, que Jesus inicia a propagação da sua primeira parábola.

Há ainda uma curiosidade interessante sobre a palavra "semente": *zéra'*, em hebraico, não se refere apenas à semente lançada ao solo, mas também à célula reprodutora masculina – o sêmen – que dá origem à vida. Há uma reflexão profunda a ser feita aqui, sobre a vida material, o mundo material e a semeadura espiritual.

Jesus recebeu o homem criado por Moisés, o qual ele trouxe de lá, e derramou sobre ele a água, pois ela é fonte de vida – *maim-haim* (מים- חיים). Ambos (água e vida) possuem a mesma origem, pois não há vida sem água nem há água se não houver o substrato dela, que é a própria vida. Essas duas substâncias se completam quando unidas ao solo, que é o homem – Adão –, filho da terra. Foi por essa razão que Jesus quis começar com o material e o espiritual, pois essas sementes possibilitaram a multiplicação do material, mesmo que o produto seja o fruto espiritual. Com base nesse preâmbulo, passaremos agora a dissecar e analisar a "Parábola do Semeador".

14. Francisco Cândido Xavier, Espírito Emmanuel, *A caminho da luz*, FEB, cap. II.

2. Análise

Mateus, no capítulo 13, versículos 1 a 3, diz o seguinte:

> **1Naquele dia, saindo Jesus de casa, sentou-se à beira-mar.**
> **2Em torno dele reuniu-se uma grande multidão. Por isso,**
> **entrou num barco e sentou-se, enquanto a multidão es-**
> **tava em pé na praia. 3E disse-lhes muitas coisas em pará-**
> **bolas. [...]**

Nesses primeiros versículos, observamos que Jesus saiu de casa em busca de água. Houve, portanto, um contexto, uma preparação por parte de Jesus.

Como dissemos antes, foi necessário, antes de tudo, que o amoroso Nazareno saísse de casa e abandonasse o conforto do lar. Não podemos ser semeadores da palavra, ou portadores de consolo para os outros, se não formos capazes de negar a nós mesmos e aos nossos próprios interesses.

Como Ele tantas vezes ensinou a Seus discípulos: cada um deveria amar mais a Deus do que a própria família, renunciar ao lar e a si mesmo. E Cristo iniciou sua caminhada dando um grande exemplo: Ele foi o primeiro a sair de casa.

Em seguida, Jesus inicia a proclamação de uma parábola, dita há dois mil anos, cujas lições são imortais e eternas, já que o Mestre é médium de Deus, e seus ensinamentos estão além das dimensões do tempo e do espaço, pois estão em consonância com o pensamento divino. Essa compreensão remete-nos ao livro de *Gênesis*, a Moisés e à criação.

E o que significa dizer que Jesus saiu de casa se, na verdade, ele não tinha uma residência fixa e morava com Pedro?

Para respondermos a tal pergunta, recorreremos a Emmanuel – mais especificamente ao capítulo 1 do livro *A caminho da luz*[15] – no qual esse Espírito amigo relata que, de acordo com as tradições do mundo espiritual, na direção dos fenômenos do sistema, há uma comunidade de Espíritos puros, eleitos pelo Senhor da Vida, que detém em suas mãos as regras diretoras de todas as comunidades. Ele nos diz que esses seres angélicos e perfeitos, os Espíritos crísticos, haviam-se reunido duas vezes nas proximidades do lugar onde hoje se encontra o planeta Terra. A primeira reunião ocorreu quando o sistema solar se deslocava em formação e originou-se, e uma massa incandescente contendo os pródromos da vida desprendeu-se do Sol, dando origem ao planeta Terra, há aproximadamente 4,5 bilhões de anos. A segunda deu-se quando Jesus se preparava para encarnar na Terra.

Jesus é o governador da nossa "casa", o planeta Terra, porém, seu lar efetivo é o plano espiritual. Os Espíritos puros não precisam mais reencarnar. Desse modo, ele sai da sua casa quando encarna na Terra.

Em *João*, 17:5, lemos: "E agora, glorifica-me, Pai, junto de ti, com a glória que eu tinha junto de ti antes que o mundo existisse". Jesus está prestando contas de sua passagem por este planeta e de Suas realizações entre nós,

---

15. Francisco Cândido Xavier, Espírito Emmanuel, *A caminho da luz*, FEB.

agradecendo a Deus pela honra de poder estar neste plano e pedindo que tenha a mesma honra de quando se encontrava com o Pai antes da criação dos Céus e da Terra.

Aqui, *Mateus* usa uma metáfora, referindo-se à casa de Pedro como se fosse a Casa do Pai.

Emmanuel compartilha conosco a declaração do Mestre e tudo que ele havia feito para chegar neste lugar e para estar em condições de cumprir com seus desígnios; Sentiu-se honrado em receber um planeta cheio de dificuldades, expiações e provas, e, em assumir um compromisso com Deus de governá-lo e entregá-lo regenerado. Embora isso não seja uma tarefa fácil, contamos com a certeza de que Ele a cumprirá.

No que tange à primeira revelação, devemos nos lembrar que ela não se resume apenas aos 39 livros do *Antigo testamento*, mas também à exemplificação, encarnação e vivência dos Espíritos que vieram como Abraão, Isaac, Jacó, José e Moisés. Do mesmo modo, a segunda revelação é a exemplificação do Cristo e nos ensinamentos que foram sendo transmitidos aos seus discípulos.

Jesus, após deixar a casa de Pedro, sentou-se – como um *rabi*, o mestre que ensina sentado – como se estivesse anunciando que, naquele momento, entoaria Sua canção, aquela que ensina aos homens o caminho para chegar a Deus.

Os discípulos permaneceram de pé junto à multidão, ao redor do mar. Jesus tomou a Sua lira, como o salmista o fazia no passado. E dali brotou a canção mais pura, perfeita e original – semente de luz, amor, paz e de tudo o que há de melhor.

Tudo começou ali, quando Ele se sentou. Entrou no barco, tomou um assento, enquanto o povo permanecia em pé; então falou por parábolas, como narra *Salmos*, 51:17: "Ó Senhor, abre os meus lábios, e minha língua anunciará o teu louvor."

Jesus tomou a lira de Deus no Mar da Galileia e cantou os louvores do Altíssimo para aquela multidão ali reunida.

A atitude de Jesus – de entrar no barco quando se formava a multidão e de sentar-se enquanto todos continuavam em pé – obedece ao costume rabínico. Como descreve *Mateus*, é o estilo de um mestre da *Torá* que subiu ao monte, sentou-se e começou a ensinar enquanto chegavam seus discípulos. Há ainda mais uma questão: o Mestre sentou-se no barco, de forma que não ficasse muito afastado daqueles que o ouviam, e adotou a posição de quem estava pronto para ensinar e de quem queria ver melhor as faces de seus discípulos; assim, Ele tinha mais amplitude de visão. É como se estivesse sendo realizada ali uma aula espiritual ao ar livre, no grande anfiteatro da natureza, o Mar da Galileia, onde Ele tocou Sua harpa sob a inspiração divina. É quase como se a própria natureza tivesse se formado para aguardar aquele momento em que Ele ali chegaria e lançaria a melhor semente de luz espiritual do planeta.

Além disso, existem outros aspectos que podemos explorar nessa cena. Em primeiro lugar, a multidão. Quem compunha aquela multidão? Sabemos que as multidões acompanharam Jesus por toda a Sua trajetória, e que grandes oradores – como padres, pastores, oradores espíritas ou representantes de qualquer diretriz religiosa – sempre reúnem multidões quando falam.

E aqui, permitam levantar um ponto para nossa reflexão: considerando quantas vezes já ouvimos esses grandes oradores trazerem uma palavra de luz, enquanto fazemos parte de alguma multidão, interroguemos nossa consciência – se conseguíssemos colocar em prática ao menos 5% daquilo que ouvimos, quão melhores estaríamos?

Essa reflexão proporciona a compreensão de que as multidões são numerosas, porém os verdadeiros discípulos são poucos. Aqueles que ouvem os ensinamentos e efetivamente buscam seguir na direção de colocá-los em prática não são a maioria.

Há outra questão importante nos versículos iniciais: o barco. Há outro barco no *Antigo testamento*, que é uma importante referência, a Arca de Noé. Ela é descrita como se contasse com três pavimentos: no primeiro, estariam os animais; no segundo, os alimentos desses animais; e no terceiro, ficaria a família de Noé. No capítulo 3 do livro *No mundo maior*,[16] Calderaro nos apresenta a "casa mental", que, assim como a Arca, é dividida em três regiões distintas, como se tivesse três andares. De acordo com as elucidações provenientes do capítulo, à luz da doutrina espírita, "entrar num barco" simboliza o ato de encarnar. Assim, Jesus deixou sua casa ao abandonar a vivência predominante no plano espiritual e "entrou em um barco", ao encarnar no planeta Terra.

16. Francisco Cândido Xavier, Espírito André Luiz, *No mundo maior*, FEB.

No dilúvio de Noé, choveu por 40 dias e 40 noites. A água que caía dos céus simbolizava a purificação dos corações. Noé e sua família estavam no barco, protegidos.

Jesus, por sua vez, se colocava sobre o barco para que toda a multidão o visse. Assim, qualquer pessoa que buscasse os caminhos da purificação do *Evangelho* poderia vê-lo, não importava onde estivesse, fosse na praia ou no "Sermão do Monte".

E isso ocorre ainda hoje. Independentemente do que tenhamos feito, de onde estejamos ou dos caminhos que percorremos, se quisermos encontrar Jesus, o enxergaremos. A diferença é que, naquele momento, o Nazareno estava dentro de um barco, dentro de um corpo físico.

Ainda assim, o barco estava sobre a água doce. Jesus está sobre o símbolo daquilo que, em seu caso, já o purificou. A água do Mar da Galileia é doce – o tipo de água que sacia a sede do espírito.

As riquezas que são geradas na Galileia não vêm apenas das sementes plantadas pelos agricultores, mas sim das sementes do Cristo, que saciam a fome do espírito.

Jesus convida a todos que estão na praia e o enxergam:

> **37[...] Se alguém tem sede, venha a mim e beberá, 38aquele que crê em mim! Conforme a palavra da Escritura: De seu seio jorrarão rios de água viva. (*João*, 7:37-38)**

Percebemos que todo o livro de *Gênesis* está condensado nessas palavras e, com isso, começamos a compreender como o Espírito do Cristo continua distante de ser entendido.

Ainda discutiremos essa mesma passagem por muito tempo, pois os ensinamentos do *Evangelho* permanecem eternamente vivos.

Outra questão nesse versículo é que Jesus está cumprindo mais uma das profecias de *Isaías*, 30:20: "dar-vos-á o pão da angústia e água racionada [...]". Aqueles que estavam fora do barco sofriam sob o jugo do Império Romano, e, mais do que isso, viviam na escravidão. Essa é a escravidão na qual a maior parte de nós ainda vive: a escravidão das nossas paixões inferiores.

Embora o Senhor dê a cada um o pão da adversidade e a água da aflição, o Mestre não se esconderá mais. Por essa razão, Ele subiu no barco, permitindo que todos O vissem, mesmo estando sentado, tornando-se pequeno, para que pudéssemos compreendê-Lo dentro de nossas próprias limitações. Ele não se esconderá mais e, com os nossos próprios olhos, todos nós O veremos.

Cada um desses versículos é uma profecia de Isaías sobre o Messias e, no versículo 2 de *Mateus*, ele está cumprindo mais uma.

É interessante pensar que, dois mil anos depois, aquela multidão que estava na praia buscando por Jesus no barco ainda o procura. Essa busca se repete em muitos momentos da nossa vida. Procuramos por Jesus nos momentos de dificuldade porque sabemos que O encontraremos. Um dos ensinamentos do Cristo é justamente mostrar o que é preciso para encontrá-Lo: saber onde procurá-Lo.

Ao redor daquele barco, a multidão representa todos nós: bilhões de pessoas que, ao repetirem essa história, são sensibilizadas; que conseguem, até mesmo, se sentir como se estivessem à beira da praia. Talvez algumas sintam saudade, felicidade ou necessidade de estar entre aquela multidão, aumentando seu número. Da mesma forma, todos que estão lendo este texto, neste momento, fazem parte daquela mesma multidão, convidada por Jesus para olhar para Ele e receber Seus ensinamentos de dentro daquele barco.

Além da multidão em volta do Cristo, todo ser humano possui uma multidão dentro de si. Não importa quem sejamos hoje, podemos já ter sido João, Raul, Yossef, Maria ou Miriam. Consequentemente, vamos criando, dentro de nossas evoluções anímicas, uma multidão de personas que habitam cada uma dessas existências numa vida eterna e espiritual.

Ao longo das nossas múltiplas encarnações, todos carregamos traços das experiências que nos marcaram.

Na maioria das vezes, ao ouvir Jesus, essa multidão – ainda em uma condição não tão evoluída – nos prende a um lugar no íntimo, distante Dele. Todos conseguimos enxergá-Lo e ouvi-Lo, mas não conseguimos alcançá-Lo. Essa multidão ainda não foi vencida. Como exemplo de quem venceu a multidão, temos Zaqueu e o cego Bartimeu. Quando o cego clamou: *Ieshua ben David* (ישוע בן-דוד), “Jesus, filho de Davi, tenha misericórdia de mim”, ele gritou mais alto que todas as pessoas que limitavam seu espírito e que, até aquele momento, o tinham impedido de alcançar a Cristo.

Zaqueu via uma multidão em volta de Jesus, porém, como um símbolo de quem estava conseguindo superar aquela barreira, subiu em um sicômoro e, dali, enxergou Jesus – mais do que isso, Jesus também o enxergou.

Então, ele venceu a multidão e Jesus o acompanhou até sua casa.

Essa é a proposta do Cristo ao proclamar Seu Evangelho. Que consigamos vencer essa multidão íntima, composta por nossas personas, e nos tornemos *talmidim* (תלמידים), ou seja, discípulos Dele.

Assim, o palco estava pronto, e o Mestre, no barco. Podemos partir desse cenário para analisar o que Ele falou àquela multidão naquele dia.

> **3[...] Eis que o semeador saiu para semear. 4E ao semear,**
> **uma parte da semente caiu à beira do caminho e as aves**
> **vieram e a comeram. 5Outra parte caiu em lugares pedre-**
> **gosos, onde não havia muita terra. Logo brotou, porque a**
> **terra era pouco profunda. 6Mas, ao surgir o sol, queimou-se**
> **e, por não ter raiz, secou. 7Outra ainda caiu entre os espi-**
> **nhos. Os espinhos cresceram e a abafaram. 8Outra parte,**
> **finalmente, caiu em terra boa e produziu fruto, uma cem,**
> **outra sessenta e outra trinta. 9Quem tem ouvidos, ouça!**
> **(*Mateus*, 13:3-9)**

A partir dessa primeira colocação de Jesus, podemos começar a questionar. Em primeiro lugar, por que Ele cita um semeador e não um agricultor, já que as questões abordadas ali são de ordem agrícola?

Quando nos propomos a buscar essa resposta por meio de um estudo aprofundado, observamos primeiramente que, se a parábola fosse criada do ponto de vista de um agricultor, haveria ali uma incoerência muito grande, pois um agricultor jamais semearia à beira do caminho ou entre o rochedo ou entre os espinhos. Ele não seria tão indiferente ou incauto a ponto de desconhecer o local correto para semear. Fica evidente que Jesus se desvia da figura do "agricultor" e o transforma em semeador.

A semente pode ser de várias espécies, e novamente não podemos nos desvincular do *Bereshit* (בראשית), do livro de *Gênesis*:

> 11Deus disse: "Que a terra verdeje de verdura: ervas que deem semente e árvores frutíferas que deem sobre a terra, segundo sua espécie, frutos contendo sua semente", e assim se fez. (*Gênesis*, 1:11)

Não é por acaso que Jesus começa Sua missão espiritual por meio de Seu primeiro discurso, falando de semente, pois a semente está enraizada em tudo na natureza e em todos os seres vivos do planeta. Jesus faz parte da equipe espiritual daqueles que são responsáveis pela vida em diversos planetas. Assim Ele declarou em *João*, 10:10: "Eu vim para que tenham vida e a tenham em abundância". Ele está falando principalmente da vida espiritual em vez de uma vida material.

E essa semente, sobre a qual Ele fala na parábola, se encaixa muito bem nesse conceito espiritual. Isso significa que o semeador não foi imprudente. Pelo contrário, ele sabia o que estava fazendo. Sua intenção era semear num solo bom. O fato de a semente ter caído à beira do caminho, entre os espinhos e nas pedras não representava seu desejo, pois ele conhecia tanto a qualidade da semente quanto o solo que a recebia. O problema não estava na ação do semeador, mas sim na resposta do solo, que não correspondeu ao que ele esperava.

O semeador tentou três vezes sem sucesso, e apenas uma de suas tentativas prosperou, ou seja, ele obteve 25% de aproveitamento da semeadura. Isso confirma que não era um agricultor quem estava atuando, e que não se tratava de uma plantação agrícola.

Na visão da agricultura, perceberíamos um simbolismo material. Jesus não estava falando sobre agricultura, pois sabia que todos ali já sabiam plantar, visto que todos viviam disso. Israel, naquela época, foi construída pelo suor daqueles humildes trabalhadores.

Por isso, compreendemos que o propósito de Jesus era outro. Ele não falava de um agricultor, mas de um semeador que semeia algo além da matéria, pois Ele é o exemplo da espiritualidade. E uma análise superficial da parábola já é capaz de demonstrar que ela possui um simbolismo espiritual.

Partindo dessa reflexão, vamos aprofundar esse estudo.

O campo descrito na parábola não é o solo do mundo físico, dividido entre um caminho, um terreno pedregoso e espinhos. O verdadeiro campo da parábola é a alma humana, vinda daquele Adão composto de corpo e espírito.

O semeador não lança suas sementes no corpo físico ou na lavoura, mas sim no espírito. Por isso, ele conhece esse lugar.

O solo no qual a semente está caindo possui livre-arbítrio. Dessa forma, não é o campo que responde, mas sim o livre-arbítrio. É por conta disso que cada alma pode apresentar uma resposta diferente – algumas produzirão pouco, outras muito e há aquelas que não produzirão fruto algum. É assim que justificamos que o personagem da parábola é um semeador espiritual, e não um agricultor.

Mais uma vez, podemos perceber como as pregações, as parábolas e a língua-base, isto é, a língua hebraica, utilizam-se de elementos concretos para trazer lições espirituais, assim como nesta parábola, em que o solo é o espírito. Alguns versículos antes do *Gênesis*, 1:3–4 mencionado anteriormente, apresentam a seguinte passagem:

ויאמר אלהים יהי אור ויהי אור וירא אלהים את האור
כי טוב ויבדל אלהים בין האור ובין החשך

"Deus disse: 'Haja luz', e houve luz. Deus viu que a luz era boa [...]"

Por que o livro de *Gênesis* nos diz que, para Deus, a luz era boa? Reconhece-se uma obra por seu autor, e Deus é onisciente, onipotente e onipresente, além de ser a inteligência suprema e a causa primeira. Portanto, obviamente a luz é boa. Assim, estamos falando de uma luz metafísica que permite, depois de sua separação das trevas, que o livre-arbítrio seja criado. O Espírito pode, então, escolher aproximar-se da boa luz ou afastar-se dela, dirigindo-se à ausência do bem; ele pode escolher praticar o mal, pois possui o livre-arbítrio. Por isso está escrito: tudo que brota é aquilo que recebeu a luz divina.

Como parte intrínseca e metafórica do processo que ocorre nos vegetais, sabemos que nenhum vegetal pode existir sem luz.

É por essa razão que Deus diz que "eles verdejarem" era algo bom. Não seria nem necessário afirmar isso, uma vez que Ele é o criador e Sua criação é perfeita, pois Sua inteligência é suprema e Suas leis são imutáveis.

Vemos, portanto, que este contexto ainda está correlacionado ao livro de *Gênesis*.

Há mais uma colocação que parece muito óbvia: o semeador saiu para semear. Poderíamos perguntar: "sendo semeador, por que outra razão ele sairia?". Temos que pensar em termos de uma sociedade humana. Por exemplo: médicos trabalham hospitais, mas isso não significa que todos estejam presentes todos os dias. Nem sempre quando um médico sai de casa, ele sai para atender – ele pode estar de folga ou sair para se especializar.

Da mesma forma, quando esperamos um pedreiro para terminar uma reforma, ele pode não comparecer, pois nem todos os dias ele sai para reformar e construir.

A misericórdia divina, no entanto, é infinita. Todos os dias ela tenta semear em nosso coração. Cada um pode, justamente pelo livre-arbítrio, recebê-la e dizer: "eu não a quero" ou "ainda não é o meu momento".

Nossas imperfeições podem, ainda que não racionalmente, rejeitar essa semente como um reflexo condicionado. As sementes que recebem esse tratamento são perdidas, pois somos nós que estamos fazendo com que elas não verdejem, o que teria sido bom, segundo as palavras de *Gênesis*.

Nós nos perdemos às vezes, mas a misericórdia divina está sempre semeando. O Salmo 97, versículo 11 demonstra o que está sendo dito sobre alma aqui:

לצדיק ולשרי לב שמחה אור זרע

"A luz foi semeada para o homem de bem, para o justo, e a alegria para o reto de coração". Dessa passagem, é preciso dar destaque para: אור זרע, "A luz foi semeada". Essa é a boa luz do *Gênesis* que está brotando, um grande mandamento para a felicidade. Não se trata de uma alegria superficial, mas da felicidade daquele que confia que Deus, por meio de sua inteligência suprema guia-nos pelo Vale da Morte e por todos os caminhos, subidas e todas as dificuldades.

Isso faz com que nós, mesmo quando imersos nas adversidades, estejamos felizes. Está escrito que **אור זרע**, "A luz foi semeada para o justo".

Quando esse versículo é explicado no *Talmud*, encontramos rabi Akiva, trazendo outro, agora do livro de *Eclesiastes*, que diz:

> **בבקר זרע את זרעך ולערב אל תנח ידך כי אינך יודע אי זה יכשר הזה או זה ואם שניהם כאחד טובים**
>
> **6De manhã semeia tua semente, e à tarde não repouses a mão, pois não sabes qual delas prosperará: se esta ou aquela, ou se ambas serão boas. (*Eclesiastes*, 11:6)**

O significado dessas palavras pode parecer difícil de compreender, pois se trata de um versículo do *Antigo testamento*. No entanto, o que rabi Akiva quer transmitir é que, se você recebeu a *Torá* e instrução espiritual na infância, não tire a mão da semeadura, ou seja, não abandone a semeadura com o passar dos anos. Não pare de semear quando se tornar adulto. Quando você estiver vivendo sua vida profissional, por mais que você precise se dedicar ao trabalho, não deixe de semear instruções no seu espírito. Não deixe de semear o *Evangelho*. Não importa quando, não deixe de semear o *Evangelho*.

Como Salomão diz em *Eclesiastes*, não sabemos quais sementes vão germinar, se as que caíram na infância, na idade adulta ou na velhice. É por isso que o primeiro mandamento espírita é "amai-vos" e o segundo é "instruí-vos".

Não devemos parar de estudar nem de semear nosso coração, pois o *Evangelho* é maravilhoso para todos aqueles que se dedicam seriamente a ele e oferece novas surpresas a cada dia. Ninguém sabe qual dessas sementes germinará, por isso é necessário estarmos sempre preparados.

Outro elemento que não podemos deixar de evidenciar é a lei de causa e efeito. Ela depende justamente daquele que recebe as sementes de Deus – se ele vai cultivá-las ou não. Aquele que não as aceita, responderá por sua escolha.

Para mostrar diferentes desfechos, Jesus mencionou quatro possibilidades de semeadura, mas poderia ter apresentado quantas possibilidades fossem necessárias.

Ele também poderia, por exemplo, ter criado uma parábola na qual Ele mesmo semearia e não haveria ninguém que recebesse e cuidasse adequadamente das sementes para que se multiplicassem, ou seja, em que 100% das tentativas acabassem em insucesso.

Mesmo nesse último caso, o fato de o solo não germinar não invalidaria a semeadura, pois Jesus semeia sempre, não importa se aquele que recebe a semente não a aceita. Por esse motivo, Jesus dizia aos discípulos, no segundo sermão de *Mateus*: "Ide e pregai". É, na verdade, é um verdadeiro convite para que sejamos incondicionalmente bons, pois se somos bons e semeamos o bem e o amor em todas as partes, sem esperar por uma recompensa, estamos realmente agindo como Jesus.

O que Ele recebeu por esses ensinamentos? Nada. Ninguém Lhe retribuiu essa lição maravilhosa, e, mesmo assim, o Mestre continuou ensinando com muito amor.

Em cada século que voltarmos a este planeta, teremos notícia das multidões que seguiam o Nazareno e conseguiremos ainda nos sentir parte daquela multidão que estava ouvindo o que Ele dizia naquele barco, naquela época. Mateus não revelou se essas lições foram dadas pela manhã, tarde ou noite, pois isso é irrelevante. A espiritualidade não possui a grandeza do tempo.

Dentro dessa colheita, Kardec nos diz em *O Evangelho segundo o espiritismo*, estão representadas as diferentes maneiras que existem de aproveitarmos os ensinamentos do Cristo. Para alguns espíritas, a quem Kardec se dirige, isso é objeto de atenção. Porém, outros são indiferentes às comunicações dos Espíritos. A grande maioria tenta aplicar os ensinamentos em si e nos outros, mas são poucos os que produzem frutos.

E seguimos encontrando metáforas maravilhosas, que têm muito a ver com a justificativa de não estar ali um agricultor, mas, sim, um semeador. É um semeador da mensagem, que é a palavra e o ensinamento.

Há alguns, ainda, que dizem que o tema dessa parábola, dessa semente e dessa colheita, tem um significado apocalíptico, pois tanto a semente quanto a colheita dependem do esforço do homem em ser melhor. O homem precisa praticar, receber e se tornar, perante essa semeadura, um solo fértil, como é ensinado por Jesus. Por isso é tão importante que nos esforcemos para não fazer parte das três tentativas que não deram certo. Na condição em que Ele estava semeando, ou seja, semeando a alma, compreendemos perfeitamente o local em que caiu cada uma dessas sementes.

Com base nesse contexto, vamos analisar por que cada uma dessas sementes não frutificou.

2.1. **"E, ao semear, uma parte da semente caiu à beira do caminho e as aves vieram e a comeram." (*Mateus*, 13:4)**

Vamos começar a análise deste versículo trazendo alguns aspectos da Galileia, tais como seu contexto histórico e cultural, além de um pouco de sua geografia.

O relevo de Israel não é predominantemente plano, principalmente na região norte do país. Ao norte do Mar da Galileia, encontram-se as colinas de Golan, enquanto. Jerusalém, mais ao sul, é cercada por montanhas e montes.

Como mencionado, o Mar da Galileia está 250 metros abaixo do nível do mar, porém possui muitos montes à sua volta. O "Sermão do Monte", inclusive, foi ministrado na Galileia. Essa topografia acidentada faz com que a Galileia seja dividida entre Alta e Baixa Galileia.

Quando alguém com conhecimento em agricultura resolve plantar algo nessa área, sabe que, se o fizer em uma montanha, ao começar a chover, a água "varrerá" a plantação. Por isso, os agricultores utilizam curvas de nível. No entanto, as curvas de nível da época de Jesus não eram como as que conhecemos hoje. A construção de jardineiras de pedra fazia parte da cultura daquele povo. Eles amontoavam pedras, criando um espaço onde, ao descer a água, a terra ficava represada, tornando-se um pequeno campo de cultivo. Um campo podia demorar séculos para ser formado.

Todos que moravam na aldeia precisavam seguir por um caminho que subisse para esses campos. Esses campos não pertenciam a uma única pessoa, mas sim a todos e, por isso, havia uma estrada de servidão comum, por onde todos subiam, pela qual todos passavam. O caminho representado na parábola é exatamente esse trajeto percorrido diariamente pelos aldeões.

Ora, um agricultor experiente jamais jogaria uma semente no meio desse caminho, pois ela provavelmente não brotaria e, se brotasse, atrapalharia o trânsito das outras pessoas.

No entanto, o semeador mantém a esperança de que a misericórdia divina faça germinar suas palavras no coração dos que passam. A esperança do semeador é tão grande, que ele lança a semente à beira do caminho.

Onde termina o caminho, começa o campo – a palavra *derech* (דרך) pode significar "caminho físico por onde se passa", mas também pode significar "rota espiritual". Dentro do contexto histórico, havia fome e o povo queria comer. Sendo assim, os agricultores tinham que lançar sementes até o limite do campo ou passariam mais fome ainda. Essa realidade, que se insere no contexto histórico, social e cultural, também se apresenta no contexto espiritual, no qual há a misericórdia divina trabalhando.

Uma parte das sementes foi lançada, mas as aves surgiram e as comeram. Por que Jesus usa as aves e não camelos ou ovelhas? Bem, ao estudarmos um texto bíblico, devemos criar uma "relação" com ele. Sugerimos perguntar para o texto: "O que você está querendo me dizer?". Neste caso, é importante compreendermos a ligação de aves com a mensagem da parábola.

Mais uma vez, encontramos as referências no *Antigo testamento*, no livro de *Daniel*, capítulo 4, em que é apresentada a história de Nabucodonosor, o imperador da Babilônia, que teve um sonho no qual havia uma grande árvore que era vista desde os confins do mundo. Muitos animais viviam embaixo dela, entre eles, as aves, que se alimentavam, cresciam e se multiplicavam.

Nabucodonosor, incapaz de compreender o significado desse sonho, chamou todos os sacerdotes da Babilônia para que lhe pudessem explicá-lo, e, mesmo assim, ninguém entendeu a mensagem nele contida. O imperador, então, chamou o profeta Daniel, que finalmente explicou-lhe o significado do sonho. Disse o profeta:

> Essa árvore é o seu império. Ele pode ser visto dos confins do mundo. Debaixo dessa árvore, os animais se aninham. De todos os lugares, ouve-se sobre o reinado da Babilônia, mas você, Nabucodonosor, está alimentando única e exclusivamente a materialidade (as aves) e a animalidade dentro da evolução anímica do Espírito.

André Luiz, em *Evolução em dois mundos*,[17] conta que, para que a vida unicelular alcance a civilização elementar do sílex – dotada de um primor de técnica –, o

---

17. Francisco Cândido Xavier, Espírito André Luiz, *Evolução em dois mundos*, FEB, primeira parte, cap. 3.

princípio inteligente demora aproximadamente 1,5 bilhão de anos estagiando nos mais diversos reinos. Isso significa que todos possuem uma evolução anímica que parte da criação do princípio inteligente (*O livro dos Espíritos*, questão 115).

Com isso, podemos correlacionar a evolução do princípio inteligente com a casa mental de Calderaro, do livro *No mundo maior*,[18] em que no primeiro andar se localiza a evolução anímica mais primitiva, os instintos. Esses reflexos são, na sua maior parte, orgânicos e, além desses, há os reflexos condicionados, com características primitivas. A maior parte de nós faz como Nabucodonosor: passamos um longo tempo alimentando tudo o que é material e desprezando o espiritual. Dessa forma, estamos fazendo com que os reflexos não raciocinados – esses reflexos condicionados adquiridos – e as nossas paixões – que estão somente criando vícios morais – sejam alimentados pelo nosso próprio espírito.

E eis que a ave que chega à beira do caminho e come a semente é a ave que habita simbolicamente dentro de nós – ela é alimentada pelo nosso primitivismo moral.

Se nascermos num ambiente onde vivemos entre conflitos e discórdias, aprenderemos com o que assistimos rotineiramente. Imaginemos essa situação: durante uma refeição, um pai pede ao filho que lhe entregue o suco, e o filho, distraído ao celular, não ouve o pedido. Como consequência, o pai dá um soco na mesa e grita:

---

18. Francisco Cândido Xavier, Espírito André Luiz, *No mundo maior*, FEB.

"passa o suco!". O filho entregará o suco ao mesmo tempo em que aprenderá, com o exemplo do pai, que a agressividade traz resultados. Provavelmente, ao chegar à escola, se algum colega pegar seu brinquedo, ele ficará bravo e talvez, inclusive, bata na outra criança, pois aprendeu que deve reagir dessa forma. Assim, ele vai condicionando comportamentos e, em determinada situação da vida, quando se depara com adversidades, responde com agressividade, mesmo contra alguém que ama ou sem a intenção de fazê-lo.

Mas por que o menino age de forma agressiva, mesmo quando não quer? Porque condicionou esse reflexo. Alimentou as aves e os animais do campo que vivem dentro dele. Apesar de esta passagem ser uma metáfora, ela reflete a evolução anímica do Espírito.

Agora compreendemos o motivo de haver uma ave na parábola. É a mesma figura utilizada pelo profeta Daniel. Portanto, Jesus está traçando um paralelo entre os dois ensinamentos. É como se ele estivesse dizendo: "a bestialidade das pessoas está fazendo com que elas desperdicem as sementes que estão sendo lançadas".

Mais adiante, temos a explicação de Jesus em *Mateus*. Ele diz assim: "Alguém ouve a Palavra do Reino e não a entende; vem o Maligno e arrebata o que foi semeado no seu coração. [...]" (*Mateus*, 13:19) Com a luz da doutrina espírita, além do *Antigo testamento*, fica ainda mais fácil compreendermos o que Jesus explicou. Conseguimos associar o *Antigo* e o *Novo testamento* com a doutrina espírita. Quando todos se encaixam, essa associação se torna muito efetiva para a evolução de cada pessoa.

Depois de tudo isso, lembramos ainda, como metáfora, que a águia era o símbolo da Roma antiga, que representava a expressão máxima do materialismo. Roma era essa águia opressora e escravizadora de seres humanos no tempo de Jesus.

Como foi dito por Kardec – e nós reforçamos –, quando recebemos a palavra e a vemos apenas como um objeto de curiosidade ou permanecemos indiferentes, sem nos comprometermos com ela, permitimos que os obsessores ajam.

"Ouvi, portanto, a parábola do semeador."

Se escutamos a palavra do reino e não lhe damos atenção, atraímos o Espírito Maligno que retira de nós o que foi semeado no coração. Esses são os que receberam a semente ao longo do caminho, mas não a cultivaram.

Assim é quando ficamos atentos somente ao material e desprezamos a boa semente da palavra.

Quando assistimos a uma conferência, ao ouvirmos belas palavras, nos emocionamos e choramos, pois aquilo realmente nos toca, mas, ao dobrarmos a esquina, depois de terminado nosso aprendizado, retornamos ao nosso estado anterior e não nos comprometemos com aquilo que nos foi ensinado. É por essa razão que Jesus coloca, com muita propriedade, três fracassos na sua semeadura, pois eles representam os diversos tipos e momentos do comportamento humano.

A primeira semeadura, portanto, à beira do caminho, representa as pessoas que estiveram ali, ouviram as palavras de Jesus, demonstraram interesse, mas, ao se afastarem daquele barco às margens do Mar da Galileia, tornaram-se indiferentes e continuaram suas vidas como se nada tivesse acontecido, ou seja, não assimilaram os ensinamentos.

Aquelas palavras de Jesus realmente caíram à beira do caminho da existência, do coração e da vida daquelas pessoas que estavam muito mais interessadas às questões materiais do que às espirituais. Aquele que Jesus chama de Maligno – obsessor na linguagem da doutrina, ou Satã, o opositor na visão judaica –, na verdade não é um personagem, mas o que se opõe a uma ideia. A ideia que está sendo recebida é muito bonita, porém, é, para muitos, algo utópico.

Muitas vezes, temos outras obrigações, coisas que valorizamos muito, como o trabalho ou os bens materiais, o que acabam assumindo a prioridade sobre ouvir um homem falando de uma semente que cai à beira do caminho.

Essas pessoas são como nós quando nos dirigimos a um atendimento espiritual, esperando por uma reunião de cura. Retornamos por dez semanas seguidas, pois desejamos melhorar nossa condição psíquica, física ou algo parecido. Após dez semanas, no entanto, muitos de nós voltamos à vida normal, esquecendo-nos da cura espiritual pela qual tínhamos passado. É como um guarda-chuva na nossa vida que, depois da tempestade passar, esquecemos de usar novamente.

O que se pode depreender disso é que a resposta do semeador foi típica de um camponês que entendeu a palavra pelo lado material, mas não captou seu sentido espiritual. Era um semeador e não um agricultor, pois Jesus mostra, em sua sabedoria, que havia algo inadequado na semeadura à beira do caminho.

Na verdade, ele semeou no verdadeiro solo fértil de todos nós. Nós que deixamos a semente à beira do caminho para as aves comerem, pois, sob a influência do maligno, ou do obsessor – aquela voz que muitas vezes sussurra ao nosso ouvido quando nos entregamos à matéria em vez do espírito –, preferimos não ouvir aqueles belos ensinamentos.

Mais adiante, no capítulo 20 de *Daniel*, o profeta aconselha Nabucodonosor, dizendo: "Derrubai a árvore e destroçai-a, mas deixai o toco e as raízes na terra". A árvore se refere ao reinado material de Nabucodonosor e, com isso, o profeta o aconselha a não mais alimentar sua bestialidade, seus vícios e suas paixões, ou seja, a sua materialidade. Era preciso construir seu reino espiritual.

2.2. "Outra parte caiu em lugares pedregosos, onde não havia muita terra. Logo brotou, porque a terra era pouco profunda. Mas, ao surgir o sol, queimou-se e, por não ter raiz, secou." (*Mateus*, 13:5-6)

Como já comentamos, na época da pregação do Mestre Nazareno, a Galileia era um lugar onde havia campos nos quais se utilizava pedras empilhadas para segurar a água. A chuva, quando descia, empurrava a terra para perto dessas pedras. Embaixo, ficavam as pedras mais pesadas e as mais leves subiam. Com isso, os agricultores que se fixavam ali precisavam lidar com algumas peculiaridades dessa geografia. Uma delas era que, ao longo de um declive, havia partes planas de terra e, logo abaixo, havia uma pedra maior, que proporcionava pouca profundidade de terra para o plantio.

Diferentemente daqueles agricultores, o agricultor Jesus queria semear em nossos corações. Sabemos que a misericórdia divina é infinita e acompanha essa parábola. No entanto, muitas vezes somos superficiais em espiritualidade. Ainda não há muita profundidade em nosso solo, pois somos rasos de consciência e, por isso, tantas vezes deixamos passar as oportunidades, desperdiçando-as.

Podemos ler inúmeras páginas sobre o que o povo judeu e a doutrina espírita ensinam sobre a semeadura mas, se nossa compreensão for superficial, na primeira dificuldade, podemos abandonar o propósito de transformação. Diante do desafio, pensamos: "É muito difícil" – e assim voltamos ao que éramos antes, como se todo o conhecimento adquirido não tivesse sido assimilado de verdade. Isso ocorre porque nosso nível consciencial ainda é baixo.

Para ilustrarmos melhor o contexto ao tempo do Messias, podemos relembrar uma história que está presente no livro *Primícias do reino*, psicografado por Divaldo Pereira Franco, pelo Espírito de Amélia Rodrigues.[19] Lá, ela conta a passagem do mancebo rico que vai até Jesus. A conversa se dá mais ou menos assim:

— O que eu tenho que fazer para ter o Reino vindouro?

— Meu filho, cumpra os mandamentos – diz Jesus.

O mancebo rico responde:

19. Divaldo Pereira Franco, Espírito Amélia Rodrigues, *Primícias do reino*, LEAL, cap. 5.

— Mas eu faço isso desde a minha juventude e do meu Bar Mitzvah, desde que me tornei responsável pela minha conduta espiritual.

— Então, deixe tudo o que você tem e me siga.

Amélia Rodrigues relata que o mancebo rico não seguiu Jesus, mas não por causa do dinheiro, pois ele compreendia que a riqueza material não lhe oferecia segurança real. Não importa o tamanho da nossa fortuna, pois podemos perdê-la, se isso fizer parte da nossa caminhada.

O que é material não propõe segurança efetiva, e o mancebo rico sabia disso.

Amélia Rodrigues narra que ele participaria de um campeonato de corrida de biga, que acontecia bienalmente em Cesareia.[20] Para isso, ele havia adquirido cavalos novos e escravos para treiná-los.

Durante a corrida, ao chegar em uma curva perigosa, no momento em que a biga se virou, um dos cavalos pisou nele, causando sua desencarnação ali mesmo. Sua última recordação que ecoou em sua consciência foi o chamado do Cristo.

Com essa história, percebemos que o mancebo rico não deixou de seguir Jesus por apego ao dinheiro. Ele, na verdade, deve ter pensado: "Seguirei Jesus. Primeiro, eu ganho essa corrida e, depois, vou atrás dele".

---

20. As ruínas do hipódromo, lugar onde era feita a corrida em Cesareia, ainda existem e podem ser visitadas.

Deixou de seguir o Mestre por causa da vaidade e da superficialidade de seu horizonte consciencial. Essa é a superficialidade de um Espírito que estava atrás de méritos – de louros, no sentido romano – diante dos olhos dos homens.

À luz do judaísmo, *even* (אבן), pedra, em hebraico, possui um simbolismo muito grande. É, sobretudo, a pedra. Quando o acusador pede a Jesus que transforme pedra em pão, Ele mostra que pedra é pedra e pão é pão. Nesse momento, Jesus traz a pedra como obstáculo. Em cima dela, não cresce nada. A pedra, inclusive, já havia sido um obstáculo no deserto enquanto ele meditava para receber sua missão de seguir os ensinamentos de Deus. Além disso, todos sabem o que significa "pedra no caminho". A pedra é constantemente um elemento de tropeço em nossas vidas. Os pedregulhos apresentados na parábola mostram a situação em que, por mais que tenhamos sido despertos pelo conhecimento, nem sempre estamos prontos para a prática, para vencermos as pedras do caminho.

Às vezes, desistimos já na primeira oportunidade, pois, quando pensamos em Jesus como protetor, revelador e instrutor, também pensamos Nele como se tivesse a obrigação de nos ajudar, nos servir, satisfazer nossos desejos e o que achamos que precisamos para sermos felizes. "Jesus tem obrigação de nos fazer feliz", pensamos.

Ainda ouvimos, fora da doutrina, claro, algumas pessoas "desafiarem Jesus". Elas O veem como se Ele tivesse o dever de atender às suas preces, enquanto Ele mesmo ensina que cada um colherá segundo as suas obras.

A conquista deve vir através de esforços, sacrifícios e renúncias pessoais.

Não há alguém mais sintonizado com Jesus na história do *Novo testamento* e da *Nova aliança* do que Paulo de Tarso.

E como foi a vida de Paulo? Que privilégio ele teve por viver a serviço de Jesus?

Paulo foi um homem que declarou, na sua *Carta aos coríntios*, que sofreu todo tipo de privação, acusação, apedrejamento, chicoteamento e prisões. Ele passou por tudo que não era agradável, mas nunca disse: "Eu não vou seguir esse homem, porque eu só tenho encontrado dificuldades". Em vez disso, ele dizia: "Em todas as ocasiões eu estive bem, pois o Senhor Jesus estava comigo".

Sim, acreditamos que Jesus é o nosso guarda-costas. Consideramos que podemos – e devemos – nos desviar das pedras que aparecerem no nosso caminho com a Sua ajuda. No entanto, para subir a mureta, precisamos colocar a nossa escada. Precisamos ser promotores de ações para vencermos nossas dificuldades, pois não estamos apenas acreditando em Sua promessa. A pedra (*even*), como Ele diz, inclusive, ser a pedra angular e ela pode ainda ser necessária.

Sob outro ponto de vista, lembremos também que o sonho da escada de Jacó aconteceu sobre uma pedra e que Jesus realizou Sua última oração no monte das Oliveiras, debruçado sobre uma pedra. Portanto, dependendo de como ela é utilizada, a pedra pode ser útil. Nesse versículo em análise, aquela semente – que cai nos rochedos e que é a segunda dificuldade – possui muita importância no discurso de Jesus e em toda a existência humana, e seria uma incoerência um agricultor semear nas pedras. Todavia, Jesus, que não era um simples agricultor, investiu em uma pedra, uma vez que quem ama está sempre pronto para semear o bem, não importa onde ou com quem, ainda que isso seja um elemento de tropeço para muitos, como é o caso da pedra.

A explicação para a semeadura nos pedregulhos é o próprio Cristo quem dá em *Mateus*, 13:18–21, admitindo que alguns não entendem a Palavra:

> 18Ouvi, portanto, a parábola do semeador. 19Alguém ouve a Palavra do Reino e não a entende; vem o Maligno e arrebata o que foi semeado no seu coração. Esse é o que foi semeado à beira do caminho. 20O que foi semeado em lugares pedregosos, é aquele que ouve a Palavra e a recebe imediatamente com alegria, 21mas não tem raiz em si mesmo, é de momento: quando surge uma tribulação ou uma perseguição por causa da Palavra, logo sucumbe. (*Mateus*, 13:18–21)

Essa explicação nos remete ao exemplo de Paulo de Tarso. Ele nunca abandonou o caminho de Jesus, independentemente das pedradas que recebeu. Além disso, sofreu acusações injustas por parte de seus irmãos, mas nunca permitiu que isso o abalasse.

A história do mancebo rico é também importante porque sua dificuldade e a perseguição que ele sofre não vêm de fatores externos, mas sim de aspectos internos a ele mesmo. É sua própria vaidade que o persegue. O mancebo rico ouve Jesus falando, sente-se animado e decide segui-lo, pois já cumpria os mandamentos.

Apesar disso, faltava a ele a satisfação de competir na corrida de biga e ganhar um prêmio. Só após se tornar um herói e receber louvores, ele voltaria a seguir Jesus.

Recebeu os ensinamentos com alegria, mas a tribulação e a dificuldade interferiram em sua decisão, fazendo com que ele se desviasse para outro caminho e deixasse de lado sua meta de seguir Jesus.

Muitas vezes, devido aos melindres, temos nosso orgulho ferido, pois não suportamos que alguém aponte nossos defeitos – mesmo aqueles que sabemos que temos. Ainda assim, mesmo que o que o outro tenha dito não seja uma mentira, ninguém merece ser atacado. Todos nós devemos seguir os dois princípios básicos da doutrina: a humildade e a caridade. O homem rico realmente caiu e fracassou devido ao orgulho e à vaidade.

2.3. "Outra ainda caiu entre os espinhos. Os espinhos cresceram e a abafaram." (*Mateus*, 13:7)

Essa terceira semeadura representa aqueles cujas inquietações – seja pela sedução da riqueza ou pelas dificuldades da vida – asfixiam a Palavra.

Eles não a escutam, pois seu comprometimento com outras questões ofusca, sufoca, asfixia e impede que essa semente frutifique dentro deles.

É semelhante à situação anterior, porém, Paulo falava sobre os espinhos da carne e, embora não se saiba exatamente quais eram esses espinhos, nenhum deles o sufocou. Mais uma vez, ele se apresenta como um grande exemplo de perseverança, pois nele existe um campo fértil no qual Jesus realmente semeou.

Paulo enfrentou todas as intempéries, suportou cada desafio, conseguiu atingir seus objetivos com honradez e, mesmo tendo sido decapitado, foi um vencedor.

Não podemos permitir que os espinhos sufoquem nosso caminho até o Cristo, pois eles são muitos e vêm de todos os lados. São tão traiçoeiros que, muitas vezes, nem mesmo os enxergamos, mas sentimos os danos causados por eles, até que o sufocamento nos alcance.

Mas quando estivermos com Jesus, aprenderemos verdadeiramente a respeitar e a perdoar aqueles que nos maltratam, perfuram e sufocam.

Voltando ao contexto da época, mais uma vez, lembramos desses campos em que a quantidade de terra para semear era pequena e, por isso, era necessário aproveitá-la ao máximo. Por essa razão, quando um espinheiro nascia, era podado imediatamente e usado como combustível para fazer fogo. Não era raro, porém, que um espinheiro "voltasse" a nascer em um mesmo lugar. Ele fora cortado, de fato, porém, embora não fosse visível, seguia vivo ali, pois suas raízes não haviam sido removidas.

A analogia dessa parábola é perfeita, pois quando as sementes forem jogadas dentro de nós, a única coisa que poderá podar nossas raízes espinhosas é o autoconhecimento profundo, que permite que reconheçamos nossas dificuldades e cortemos o mal pela raiz.

Como dizia Chico Xavier, a tentação é como um cachorro correndo atrás de nós enquanto, na verdade, queremos ser alcançados por ele.

Geralmente, cortamos o espinheiro quando ele surge, mas não arrancamos sua raiz. O mal fica ali, pois nossas paixões não foram eliminadas, e as raízes permanecem no nosso coração e no nosso espírito. As sementes, quando chegam, são sufocadas sorrateiramente pelo espinho que ali permaneceu.

Há outra parábola no capítulo 9, do livro de *Juízes*, que também fala do espinho:

> 8Um dia as árvores se puseram a caminho para ungir um
> rei que reinasse sobre elas. Disseram à oliveira: "Reina so-
> bre nós!" 9A oliveira lhes respondeu: "Renunciaria eu ao
> meu azeite, que tanto honra aos deuses como aos homens,
> a fim de balançar-me por sobre as árvores?" 10Então as
> árvores disseram à figueira: "Vem tu, e reina sobre nós!"
> 11A figueira lhes respondeu: "Iria eu abandonar minha
> doçura e o meu saboroso fruto, a fim de balançar-me por
> sobre as árvores?" 12As árvores disseram então à videira:
> "Vem tu, e reina sobre nós!" 13A videira lhes respondeu:
> "Iria eu abandonar meu vinho novo, que alegra os deuses
> e os homens, a fim de balançar-me por sobre as árvores?"
> 14Então todas as árvores disseram ao espinheiro: "Vem tu,
> e reina sobre nós!" 15E o espinheiro respondeu às árvores:
> "Se é de boa fé que me ungis como rei sobre vós, vinde e
> abrigai-vos à minha sombra. Se não, sairá fogo dos espi-
> nheiros e devorará os cedros do Líbano!" (*Juízes*, 9:8–15)

As árvores não poderiam, entretanto, descansar sob a sombra de um espinheiro, simplesmente porque este não produz sombra!

Dentro da simbologia, temos os cedros do Líbano, que foram utilizados para construir o Templo de Salomão, ou seja, o espinheiro estava ameaçando queimar o que havia de mais sagrado no coração e no espírito do povo.

A proposta que o espinheiro faz ao espírito de cada um nunca é boa. Precisamos cortar o mal pela raiz.

Os espinhos, nessa parábola, demonstram que, no momento em que escolhemos uma virtude para reinar sobre nossas vidas e, por qualquer razão, não a fortalecemos, colocamos tudo a perder. Quando não persistimos, estamos permitindo que o espinheiro sufoque aquilo que possuímos de mais importante: a oportunidade de germinar essas sementes.

Há, ainda, outra importante passagem em que há um espinheiro – Moisés se depara com uma sarça ardente, uma espécie de arbusto espinhoso, no deserto. O fogo a queima, mas não a consome. Os grandes sábios da *Torá* interpretam esse evento como um símbolo de Moisés que deveria descobrir o que havia de mais valoroso na sua trajetória para conseguir superar suas imperfeições e seus espinhos.

Paulo dizia que tinha "um espinho na carne", uma metáfora que representava o chamado de sua consciência que o motivava a enfrentar suas dificuldades íntimas. Esse é o mesmo simbolismo do fogo na sarça ardente: o fogo sobe, isto é, ele está elevando-se para o alto, e o espinheiro é a imperfeição. Em outras palavras, mesmo com todas as imperfeições e as dificuldades íntimas que carregamos, devemos fazer com que o fogo da elevação não nos paralise, mas nos envie para a direção de Deus.

Ao visitarmos *Ein Gued* (עין גדי), às margens do Mar Morto, lugar em que Davi se escondeu de Saul, ainda hoje podemos encontrar uma fonte naquelas grutas. Ali há alguns espinheiros cujos espinhos chegam a 15 centímetros de comprimento. Esses são os espinhos dos quais a coroa do Cristo foi feita. Paulo teve espinhos "na carne", Jesus teve espinhos na cabeça, e ambos foram exemplos de abnegação.

Constatamos, na coroa de espinhos, um ato profético de Jesus, pois Ele também foi semeado ali. Jesus foi colocado entre os espinhos e humilhado na cruz para que Sua palavra e Seu gesto não morressem.

Talvez ninguém, em toda a história da humanidade, tenha estado tão cercado de espinhos como Ele – seja fisicamente, seja espiritualmente, diante das injúrias e ataques que sofreu.

Nós, constantemente, nos deixamos asfixiar pela palavra e não vencemos as intempéries da vida da forma que Jesus venceu. Os espinhos que fizeram parte da coroa do Cristo não somente perfuravam, mas também coçavam, provocavam hemorragias, ardência e muita dor devido à dilaceração, afinal eram 15 centímetros de comprimento. Entre esses espinhos, temos Jesus profetizando, dando o testemunho de amor e de fé para o mundo, mostrando como é possível amar a semente semeada entre os espinhos.

Em *Mateus*, 13:22, Jesus também dá uma explicação para os espinhos:

> 22 O que foi semeado entre os espinhos é aquele que ouve a Palavra, mas os cuidados do mundo e a sedução da riqueza sufocam a Palavra e ela se torna infrutífera. (*Mateus*, 13:22)

Agora, pensemos no maior símbolo de poder que se pode ter: a coroa. O Mestre dos mestres tem sua própria coroa de espinhos, a mais distinta coroa de todo o planeta Terra; ela foi a única que marcou a humanidade e dividiu o tempo. Não obstante, nem mesmo essa coroa destruiu a espiritualidade, o amor e a força daquele homem. Aquela coroa perfurava toda a circunferência de Sua cabeça, fazendo-a sangrar, arder, doer. Ele passou por um intenso desconforto na cabeça, a principal parte do corpo, e, mesmo assim, Ele a levou até o final, com hombridade e determinação. Ele a ignorou, sem pedir para tirá-la em momento algum e sem tentar argumentar que sem a coroa Ele carregaria melhor a cruz. Mesmo na condição física em que estava, Ele a ignorou completamente, sem gemer ou reclamar em nenhum momento, mostrando que os terríveis espinhos da Sua coroa não conseguiram derrotar um Espírito como Ele.

Jesus deixou uma reflexão muito importante: desconsiderando por ora os espinhos espirituais, quem venceria aqueles espinhos físicos?

Como vemos, há uma explicação para a ave, a pedra e o espinho. São três elementos distintos que constroem o significado da parábola. Mais uma vez, encontramos uma trindade que pode ser interpretada como o tríplice aspecto da doutrina: filosofia, ciência e moral religiosa. Essas representam as três tentativas infrutíferas dentro das quatro possibilidades que a parábola oferece.

Só podemos descobrir e compreender esses elementos por meio de um estudo mais profundo dos ensinamentos e da história do Cristo. São presentes deixados por Jesus, pois, ao buscá-Lo verdadeiramente, nunca deixaremos de encontrar as respostas e o conhecimento que precisamos.

2.4. "Outra parte, finalmente, caiu em terra boa e produziu fruto, uma cem, outra sessenta e outra trinta. Quem tem ouvidos, ouça!" (*Mateus*, 13:8)

No versículo 23 do mesmo capítulo, Jesus oferece uma explicação para a boa semente:

> **[23]O que foi semeado em terra boa é aquele que ouve a Palavra e a entende. Esse dá fruto, produzindo à razão de cem, de sessenta e de trinta. (*Mateus*, 13:23)**

Observamos, nesse versículo, que Ele oferece porcentagens exatas geradas pela semente que teve boa colheita. No entanto, por que foram esses os números escolhidos? Qual o espírito por trás daquilo que está escrito?

Ao buscarmos as respostas, encontramos, no capítulo 11 do livro de *Deuteronômio*, versículo 10, a passagem que narra o momento em que o povo se prepara para entrar na terra de Israel e lhes é dito:

> **[10]Pois a terra em que estás entrando a fim de tomares posse dela não é como a de onde saístes, a terra do Egito: lá, semeavas tua semente e irrigavas com o pé, como uma horta! (*Deuteronômio*, 11:10)**

O Espírito quer dizer que, enquanto semeavam no Egito, as condições eram diferentes. Vale sempre lembrar que o Egito simboliza as paixões humanas, o estado em que o Espírito ainda não possui um horizonte consciencial plenamente bom e ainda está preso em ciclos viciosos, sem estar pronto para frutificar.

A terra que vieram a possuir era Israel, uma terra diferente.

No Egito, ainda que plantassem uma semente e a regassem constantemente, ela não brotaria. Já em Israel, o Espírito lhes revela:

> 11A terra para a qual vós ides, a fim de tomardes posse dela,
> é uma terra de montes e vales, que bebe água da chuva do
> céu. 12É uma terra de que o SENHOR teu Deus cuida. Os
> olhos do SENHOR teu Deus estão sempre fixos nela, do início ao fim do ano. (*Deuteronômio*, 11:11–12)

Mais uma vez, temos uma lição que se estende do alfa ao ômega – ou do *alef* ao *tav*, primeira e última letra do alfabeto hebraico.

A terra do coração que se torna pobre de espírito – como na primeira bem-aventurança – e se corrompe na ilusão da matéria, acaba se perdendo.

Mas esse Espírito, ao se tornar contrito, encontra a humildade. Ele compreende que as respostas não estão na matéria, mas no espírito, e, assim começa a adentrar sua Terra Prometida, dando o primeiro passo em sua direção. Nesse momento, enfim, a terra desse coração está diferente e começará a frutificar.

O livro de *Gênesis* narra a história do universo e da Terra, desde o princípio, e a parábola que veremos a seguir conta a história do povo de Israel.

Em *Gênesis*, há um agricultor muito conhecido chamado Caim, filho de Adão. Ele tinha um irmão, Abel, que era pastor de ovelhas. Ambos apresentavam ofertas ao altar, como oferendas a Deus.

Caim, no entanto, oferecia somente os restos daquilo que ele comia. Nem mesmo frutos, somente algumas sementes que sobravam.

Enquanto isso, Abel levava ao Senhor suas ovelhas mais gordas.

Um dia, em um momento simbólico, um fogo desce dos Céus e consome o sacrifício de Abel. Por conta disso, Caim passa a sentir inveja do irmão, pois ainda mantinha seu campo interior como a terra do Egito, em sentido figurado.

Deus lhe disse que seus sacrifícios poderiam ser tão bem recebidos quanto os de Abel, bastava que se esforçasse.

Porém, dominado pela inveja, Caim acabou matando seu irmão – e o sangue de Abel clamou a Deus por justiça.

Assim está escrito: "Deus recompensa os *tsadikim* [צדיקים], os justos, e castiga os *reshaim* [רשעים], os perversos".

Trata-se da lei da causa e efeito, citada no *Antigo testamento*, e presente na parábola estudada.

Mais adiante, na história dos dois irmãos, o Senhor perguntou a Caim: "Onde está teu irmão Abel?" Ele respondeu: "Não sei. Acaso sou guarda de meu irmão?" E o Senhor continuou: "Que fizeste! Ouço o sangue de teu irmão, do solo, clamar para mim!" (*Gênesis*, 4:9-10). Essa foi uma conversa metafórica, pois, obviamente, Deus sabe de tudo.

Ainda assim, esse momento é necessário, pois Caim cometeu um crime, uma clara transgressão à lei divina. Ele matou seu próprio irmão, Abel. Por essa transgressão, ele terá que colher para poder se arrepender, expiar e reparar.

Enquanto não se arrepende, a terra do seu coração só produz uma pequena quantidade de sementes. Por isso, ele tem que viver migrando de um lugar para outro.

Aquele que não encontrou ainda um eixo consciencial, um farol de luz em sua vida, seja o *Evangelho*, seja a *Torá*, ou seja qual for a religião pela qual bebe o Evangelho de Deus, ficará migrando de um lugar para outro, até que consiga encontrar seu caminho. Sendo assim, por mais que tentemos colocar a culpa dessa migração constante em qualquer elemento externo que esteja atrapalhando nossa plantação, ela não frutificará, pois nós somos esse elemento.

Toda a geração de Caim morreu no dilúvio, porque a renovação era necessária e, para isso, o velho homem teve que abrir espaço para o novo homem. Por isso, o dilúvio foi a purificação, pois a água, simbolicamente, purifica. Não foi coincidência Jesus ter falado de dentro do Lago de Genesaré, ou *Iam Kineret*. Ele queria que as pessoas "bebessem daquela água". Se elas o fizessem, as "gerações de Caim" desapareceriam.

Em *Gênesis*, encontramos esta referência:

> **1Houve uma fome na terra – além da primeira fome que**
> **teve lugar no tempo de Abraão – e Isaac foi a Gerara, junto**
> **a Abimelec, rei dos filisteus. 2O SENHOR lhe apareceu e dis-**
> **se: “Não desças ao Egito; fica na terra que eu te disser. 3Ha-**
> **bita nesta terra, eu estarei contigo e te abençoarei. Porque**
> **é a ti e a tua raça que eu darei todas estas terras e manterei**
> **o juramento que fiz a teu pai Abraão.” [...] 12Isaac semeou**
> **naquela terra e, naquele ano, colheu o cêntuplo. O SENHOR**
> **o abençoou (*Gênesis*, 26:1–3, 12)**

Dessa forma, o texto em *Gênesis* nos esclarece: Isaac semeou naquela mesma terra e colheu no mesmo ano, *mea shearim* (מאה שערים), 100 por 1, porque o Senhor o abençoou.

As reflexões dessa história nos ajudam a compreender que, ao passar por uma dificuldade ou uma adversidade, quem não se entrega ao seu Egito material e não se encaminha àquela terra infrutífera já despertou para caminhar com o Cristo. Assim foi Paulo, que passou por inúmeras adversidades, mas sempre enxergava o Cristo ao seu lado.

Quando alcançarmos esse momento, as sementes estarão prontas para germinar.

Aqui há uma ligação, um reforço que Jesus trouxe naquele momento, recordando àquele povo que a boa terra, da qual Ele falava, era o espírito daqueles que, ao compreenderem sua mensagem, conseguiam agir como Isaac o fizera anos antes.

Isaac foi o primeiro dos patriarcas a expressar amor por alguém. Na *Torá*, não há registros de que Adão amou Eva nem que Abraão tenha amado Sara, mas está escrito que Isaac amou Rebeca. Portanto, na primeira revelação, o primeiro sinal de amor foi demonstrado por Isaac, razão pela qual Jesus utilizou seu exemplo, pois seu amor simboliza um solo fértil.

Foi por essa razão que, quando Isaac semeou, a semente rendeu 100 por 1 e assim será com cada um que despertar amor pelos ensinamentos e pela semente do Cristo.

Se não reconhecemos a grande relação entre a primeira e a segunda revelação, torna-se difícil compreender plenamente os ensinamentos de amor e bondade que nela estão contidos.

Abraão e Isaac são referências pelo grande exemplo que deram, e por isso Jesus os "resgatou".

Precisamos reforçar rapidamente um ponto que consideramos importante: em geral, todos acreditam que a humanidade descende de Caim, pois está escrito que Caim matou Abel. Como eram dois dos primeiros homens da história do planeta, parece lógico concluir que, se Caim sobreviveu, então a humanidade teria origem em sua linhagem. Contudo, não podemos esquecer que o dilúvio extinguiu toda a geração de Caim. Assim, a humanidade não descende de Caim, mas sim daqueles que estavam na Arca de Noé.

Já sabemos de onde Jesus tirou uma das referências de "100 para 1", mas há outra. Buscaremos seu significado, assim como o de 60 e de 30.

O nascimento de Isaac se deu após três anjos entrarem na tenda de Abraão.

Um deles veio para trazer a cura para Abraão, que havia sido circuncisado; o segundo, para promover a gravidez de Sara e a vinda de Isaac; e o terceiro, para destruir Sodoma e Gomorra.

Um deles se aproxima de Abraão e lhe anuncia que Sara engravidará, o que causou certo espanto, pois Abraão já tinha 99 anos.

No *midrash*, o anjo diz que no ano seguinte ele voltaria e que, quando isso ocorresse, Abraão e Sara teriam um filho. Sara, que estava na cozinha, ouviu o anjo e sorriu, o que fez com que o anjo dissesse: "Seu filho vai se chamar *Itshaq* [Isaac, יצחק]", que vem do verbo צחק, que significa "sorrir". Na expressão hebraica, na verdade, Isaac não significa somente sorrir, mas também gargalhar com zombaria. Essa risada de Sara, portanto, expressava um sorriso zombeteiro, o que faz sentido se pensarmos que ela já era idosa e acreditava que não podia mais ter filhos.

E assim surge o nome "Isaac", pela gargalhada de Sara, por não crer naquela notícia que os anjos estavam trazendo.

Quando lemos essa história, constatamos que os anjos apareceram a Abraão quando ele tinha 99 anos. No nascimento de Isaac, um ano mais tarde, ele já tinha 100. Aos 100 anos de Abraão, nasceu Isaac, portanto, 100 por 1.

Isaac, por sua vez, teve dois filhos: Esaú e Jacó. Um dia, Jacó comprou a primogenitura de Esaú. Após preparar lentilhas, aproxima-se do irmão e lhe oferece a refeição em troca da primogenitura, comprando-a.[21]

Ao final de sua encarnação, Isaac precisava transmitir a bênção, que havia recebido diretamente de Abraão, para seu filho mais velho. Ele chamou o primogênito, mas Rebeca orientou Jacó a ir até seu pai, pois ele já havia comprado a primogenitura de Esaú – que renunciara a ela por um prato de lentilhas.

Jacó, então, aproximou-se de Isaac e recebeu sua bênção, vestindo-se com pele de cabrito para que seu pai o confundisse com Esaú, que era muito peludo.

Esaú era um homem muito agressivo. Conta o *midrash* que ele já havia, inclusive, matado uma pessoa e causado muitos outros problemas. Obviamente, mataria Jacó, pois não perdoaria o fato de que o irmão recebera a bênção em seu lugar.

Jacó precisou fugir de Esaú – uma fuga que durou sessenta anos. Após esse período, ele retornou para a sua terra. Assim, temos a relação 60 por 1.

Até agora, Jesus já contou a história de Abraão, Isaac e Jacó, os três patriarcas da *Bíblia*, em uma única parábola.

O significado de 30, por outro lado, está relacionado à idade de José quando decifrou o sonho do faraó – sobre as sete espigas mirradas e sete espigas granuladas e cheias, e as sete vacas magras e sete vacas gordas – e

21. A importância da primogenitura será mais bem explorada em capítulos futuros.

então tornou-se governador da terra do Egito. José tinha 30 anos quando isso aconteceu. Tornar-se governador do Egito – sem ter se tornado faraó, mas governando o país – significa, metaforicamente, que ele alcançou a condição de dominar suas paixões.

Kardec e os Espíritos nos dizem que "necessitamos domar as nossas más inclinações" e que espírita é aquele que as doma, assim como se doma um cavalo, conduzindo suas paixões e más inclinações para onde precisa ir: o caminho da evolução espiritual.

José, já no Egito, recebe sua família – os irmãos que o venderam e o prenderam – e perdoa a todos.

Isso demonstra que, aos 30 anos, ele governa efetivamente suas más inclinações e, por isso, rende 30 por 1.

Ao narrar essa parábola, Jesus contou a história dos três patriarcas e a história de José. E foi além: Ele também está nesta parábola, pois foi aos 30 anos que começou Sua missão.

Não se trata de coincidência, portanto, que 30 por 1 foi a última colheita da parábola, aquela através da qual o povo hebreu teria oportunidade de receber o Mestre e de se voltar para Ele.

3. Reflexões Finais

Bezerra de Menezes, aludindo a essa parábola, diz o seguinte:

> Quantos de vós aqui presentes darão frutos? Quantos de vós que estais aqui permitirão que tudo o que vocês escutaram e escutam se enraíze? Transformem-se e sigam adiante, transformando-se nessa árvore que dará frutos e que vai gerar boas e novas sementes.

As perguntas acima fecham esta análise, e a reflexão acerca delas nos leva a compreender que o conhecimento desses ensinamentos são maravilhosos e libertam. No entanto, o conhecimento só nos liberta completamente pela nossa prática, pois, se conhecemos, mas não praticamos, o resultado se compara à fé sem obras – nosso conhecimento se tornará inútil.

Muitos irmãos possuem grande conhecimento, mas o utilizam para o mal. O conhecimento divino existe para ser usado em favor do bem do outro. Essa riqueza toda com a qual cada um vive foi doada graciosamente por Jesus, somente por amor.

Como diz a *Kabalá*, aquele que ama, ama sem esperar recompensa. No entanto, vivemos em um mundo onde ainda existem irmãos que esperam recompensas e que convivem com outros que já conseguem se doar sem esperar por nada em troca. A *Kabalá* ainda diz: "Aquele que está livre é aquele que dá sem precisar receber nada". Ele dá e não precisa receber, não possui nenhuma carência.

Evidentemente, Jesus é livre e convida-nos a também sermos livres, pois é isso que Ele deseja. Precisamos, para tal, escutar Seus ensinamentos e não esperar absolutamente nada em troca. Devemos fazer como Francisco de Assis: agradecer por sermos um instrumento da paz pelo qual Jesus pode conceder a honra e a felicidade de transmitir Sua verdade.

Temos uma responsabilidade e um compromisso de seguir com esse trabalho, pois a verdadeira felicidade só será completa quando conseguirmos ajudar nossos irmãos a se sentirem mais próximos de Jesus, compreendê-Lo e serem despertos por Seus convites maravilhosos.

Que possamos ser aquele solo fértil que rende 100 por 1, 60 por 1 e 30 por 1, pois assim, caminharemos ao lado de Abraão, Isaac, Jacó, José e do próprio Cristo, fruto de todos esses patriarcas, que veio coroar todo o conhecimento transmitido por Moisés e pelos profetas.

Para encerrarmos este capítulo, trazemos uma reflexão a partir das palavras de Emmanuel:

> **Nos caminhos do mundo, há muita gente assim. Almas ressecadas pela ignorância, atormentadas na sombra, perdidas à crueldade. Não reclames nem condene. Estende as mãos em serviço do amor tanto quanto lhe for possível. Semeie sempre. Não exija que o fruto chegue hoje.**[22]

Confie nos resultados de hoje e do futuro.

---

22. Francisco Cândido Xavier, Espíritos diversos, *Bênçãos de amor*, FEB, cap. 20 – "Palavras de Amor".

Quem tem ouvidos, que ouça

Esse era um ditado comum entre os judeus, empregado especialmente pelos rabinos, conforme ilustrado pela literatura judaica. Jesus usou essa expressão inúmeras vezes, em circunstâncias diversas. Citaremos os versículos em que ela aparece: *Mateus*, 11:15, 13:43; *Marcos*, 4:9, 23; *Lucas*, 8:8, 14:35; *Apocalipse*, 2:7, 11, 17, 29, 3:6, 13, 22.

Essa expressão era utilizada para chamar a atenção para a importância do ensino apresentado, para o sentido oculto do ensino e para a total compreensão do que fica subentendido no ensino. Jesus quis dizer que seus ensinamentos deveriam ser ouvidos com atenção e diligência, e que, sem isso, muitos não os compreenderiam. Nos escritos judaicos, a forma usual dessa expressão é: "Aquele que ouve, que ouça; aquele que compreende, que compreenda" (*O Zohar*).

★

Capítulo 2

"PARÁBOLA DO JOIO E DO TRIGO"

24[...] O Reino dos Céus é semelhante ao homem
que semeou boa semente no seu campo. 25Enquanto
todos dormiam, veio seu inimigo e semeou o
joio no meio do trigo e foi-se embora. 26Quando
o trigo cresceu e começou a granar, apareceu
também o joio. 27Os servos do proprietário foram
procurá-lo e lhe disseram: "Senhor, não semeaste
boa semente no teu campo? Como então está cheio
de joio?" 28Ao que este respondeu: "Um inimigo é
que fez isso." Os servos perguntaram-lhe: "Queres,
então, que vamos arrancá-lo?" 29Ele respondeu:
"Não, para não acontecer que, ao arrancar o joio,
com ele arranqueis também o trigo. 30Deixai-os
crescer juntos até a colheita. No tempo da
colheita, direi aos ceifeiros: 'Arrancai primeiro
o joio e atai-o em feixes para ser queimado;
quanto ao trigo, recolhei-o no meu celeiro.'"

MATEUS, 13:24–30

2

1. Introdução

A ANÁLISE PROPOSTA NESTE LIVRO NÃO TEM COMO objetivo ser a palavra final no estudo das parábolas de Jesus, mas sim uma contribuição séria. Na condição de espíritas-cristãos com raízes judaicas da doutrina na qual Jesus nasceu, necessitamos de dedicação, perseverança e boa vontade para a realização desse feito.

O judaísmo foi o berço de Jesus, o meio em que Ele viveu e deixou tantos ensinamentos que permanecem, de certa forma, ocultos até hoje. Por isso, buscamos estudar com afinco, avançando até os limites do nosso conhecimento e da nossa sintonia com a doutrina espírita, com Jesus e o próprio judaísmo – tradição que preserva o monoteísmo dos patriarcas Abraão, Isaac, Jacó e de todos os profetas que os precederam, especialmente Moisés, o grande legislador.

Neste capítulo, estudaremos a "Parábola do Joio e do Trigo".

Primeiramente, é necessário compreendermos que Jesus não escolheu essas duas espécies de planta por acaso. Há uma visão judaica e uma visão cristã e espírita sobre essas duas sementes e, para aprofundar essa reflexão, precisamos começar por suas origens.

Os dois primeiros tópicos que exploraremos, portanto, serão a simbologia do trigo e, logo após, a simbologia do joio (ou cizânia) na visão judaico-cristã-espírita.

Para iniciarmos a busca por essa compreensão, devemos nos perguntar por que Jesus está falando de trigo, e não de goiaba, melancia ou peixe?

Essa parábola, como comentado no capítulo 1, está inserida dentro de um sermão: o "Sermão das Parábolas".

O contexto inicial se refere a símbolos relacionados à agricultura. Ainda assim, por que o trigo e não outra espécie? Buscando essas respostas, faremos uma referência a *Parashá Ki Tavô*[23] (*Deuteronômio*, 26:1-2).

Para os judeus - o povo de Israel - a *Torá* (o *Pentateuco de Moisés*) é dividida em cinquenta e duas porções. Isso significa que, durante todas as semanas do ano, judeus de todo o mundo - ou, pelo menos, aqueles que observam a lei - estudam a mesma porção da *Torá*, onde quer que estejam no planeta.

Se pegarmos um avião do Brasil para a Inglaterra, Israel ou Japão, e nos dirigirmos até uma sinagoga, encontraremos judeus estudando a mesma porção da *Torá* que nós.

Uma dessas porções se chama *Ki Tavô* e se encontra no capítulo 26, no livro de *Deuteronômio*. Ela diz:

> 1Quando entrares na terra que o SENHOR teu Deus te darás como herança, e a possuíres e nela habitares, 2tomarás as primícias de todos os frutos que recolheres do solo que o SENHOR teu Deus te dará (*Deuteronômio*, 26:1-2)

Nesse dia, colocamos as primícias em uma cesta e a levamos a um lugar específico, que esteja associado ao nome de Deus. Daquele lugar, contamos que o escolhido no antepassado era um caldeu que desceu até a terra

---

23. *Parashá*: porção da *Torá* estudada a cada semana.

do Egito. Nessa terra, ele multiplicou-se, tornou-se um grande povo e encontrou o amargor da escravidão. Depois de clamar a Deus, Ele libertou o povo dessa condição de escravidão e o conduziu pelo deserto até que, então, o povo adentrasse a terra de Israel, produzisse nessa terra e entregasse os primeiros frutos.

Quando o povo de Israel adentra a terra, cultiva-a, e dela nascem os primeiros frutos, reservados a Deus. Eles são chamados de primícias ou advém de um nome em aramaico, utilizado até os dias de hoje em um dos tratados do *Talmud*: *Bikurim*.[24]

E podemos simplesmente pegar qualquer fruto e colocá-lo em qualquer lugar? Não, precisamos colocá-los em uma cesta. Cesta, em hebraico, é *kli* (כלי) – o mesmo que recipiente. Um recipiente é algo que deve ser preenchido com um intuito. Se o espírito humano é a terra – já que Jesus está falando da semeadura nos corações e nos espíritos das pessoas –, então aqui estamos falando da terra do espírito. O recipiente em que devemos colocar os primeiros frutos, portanto, é o *kli*, ou seja, é o corpo físico que contém o espírito.

Os frutos são depositados nesse *kli* para que ali se conserve todo o aprendizado que obtivemos na erraticidade – o período entre uma encarnação e outra para um Espírito imperfeito – pois é assim que assimilamos os aprendizados que devem ser conquistados no mundo material por meio dos desafios que se apresentam em nossas vidas.

---

24. *Bikurim*: primeiros frutos de uma plantação de uma das sete espécies, que serão explicados adiante.

Para melhor esclarecermos o uso dos termos, começamos, como sempre, pela sua contextualização. Porém, ainda permanece a questão: por que o trigo? Para isso, vamos primeiramente compreender melhor as primícias. Elas são também discutidas no livro de *Deuteronômio*:

> 7Eis que o SENHOR teu Deus vai te introduzir numa terra
> boa: terra cheia de ribeiros de água e de fontes profundas
> que jorram no vale e na montanha; 8terra de trigo e ceva-
> da, de vinhas, figueiras e romãzeiras, terra de oliveiras, de
> azeite e de mel; 9terra onde vais comer pão sem escassez
> – nela nada te faltará! –, terra cujas pedras são de ferro e
> de cujas montanhas extrairás o cobre. 10Comerás e ficarás
> saciado, e bendirás ao SENHOR teu Deus na terra que ele
> te dará. (*Deuteronômio*, 8:7–10)

O primeiro ponto desse trecho é lembrar que o Espírito de todo ser encarnado está depositado em uma boa terra. Ele carrega os gérmens que refletem a imagem e semelhança de Deus e, por isso, tem todas as condições para crescer e florescer onde quer que seja plantado.

Não importa onde estamos, qual a situação pela qual estamos passando, o que tenhamos feito ou para onde estamos indo, nosso espírito ainda é a imagem e semelhança de Deus. Possuindo o gérmen dos atributos divinos, podemos, a partir do nosso livre-arbítrio, produzir frutos. Esses frutos são conhecidos como "as sete espécies" ou as sete primícias, e são: o trigo, a cevada, a uva, o figo, a romã, a azeitona e a tâmara. Os frutos citados representam, na tradição e no simbolismo judaico, as sete espécies sagradas da *Torá*.

Entre Jerusalém e Tel Aviv há uma região chamada Neot Kedumim Park onde essas sete espécies são plantadas.

Emmanuel explica, no capítulo 7 do livro *A caminho da luz*,[25] que o *Antigo testamento* é um repositório de símbolos. Portanto, a representação dessas sete espécies faz referência a atributos do espírito. Ao observá-las, podemos perceber que duas delas são cereais (o trigo e a cevada), ao passo que as outras cinco são frutos. Mais adiante, neste capítulo, explicaremos por que há, então, dois cereais em meio aos frutos, sem adentrarmos nos outros, embora o simbolismo, como um todo, seja maravilhoso.

O trigo representa o principal alimento da dieta humana, principalmente no Oriente Médio, onde o pão é essencial para a alimentação.

Jesus faz uso de um símbolo – o trigo – que representa o propósito do homem na Terra. Todo Espírito, tendo sido criado por Deus, anseia por obter um reencontro com Ele. Uma árvore, ao ser plantada, só cresce em direção ao sol, enquanto suas raízes somente crescem em direção à água. Estamos inseridos na lei do progresso, e nossos espíritos anseiam por se conectarem com Deus.

O simbolismo do trigo é alimentar as divinas aspirações, que representam a essência da nossa humanidade e que está espelhada nesse símbolo.

25. Francisco Cândido Xavier, Espírito Emmanuel, *A caminho da luz*, FEB.

A cevada, por outro lado, era a base alimentar dos animais na Antiguidade. Ela representa o esforço em desenvolver e nutrir aquilo que, no judaísmo, se chama *nefesh* (נפש). Esse termo, na tradição hassídica, pode significar uma conexão com a alma animal. No entanto, à luz da doutrina espírita, ele está relacionado à evolução anímica.

O espírito humano estagiou por 1,5 bilhão de anos, aproximadamente, segundo André Luiz,[26] em todos os reinos animais para que pudesse conquistar todos os automatismos orgânicos e conseguir, então, alcançar a condição de estar pronto para despertar sua consciência e se tornar um princípio inteligente individualizado. Isso significa, portanto, que o homem carrega o divino – ou a vontade inata de conexão com o divino – da mesma forma que a planta, que vai em direção ao sol.

Mas também encontramos o desafio da matéria, das paixões e dos instintos. Esse é o desafio colocado pelo mundo material e pela nossa evolução anímica. Vivemos, portanto, sob um desafio: o de alimentar o divino.

Também propomos que todos devemos, de alguma forma, alimentar nossa animalidade. Mas, como é possível nutri-la ou conduzi-la ao divino?

O primeiro capítulo do *Sefer Tanya*, em uma de suas parábolas, explica que o corpo humano é regido por dois reis: um rei conectado à intelectualidade, e outro, à emotividade. Esses dois reis disputam um único território: a alma.

---

26. Francisco Cândido Xavier, Espírito André Luiz, *Evolução em dois mundos*, FEB, primeira parte, cap. 3.

Lembremos Allan Kardec, que veio nos falar sobre domarmos nossas paixões humanas. Domar é diferente de matar ou aniquilar as paixões. Essa diferença pode ser ilustrada da seguinte forma: se temos um cavalo selvagem, podemos eliminar esse problema facilmente, matando-o, pois assim ele deixará de ser um animal selvagem. No entanto, como consequência, teremos que caminhar para chegar ao nosso destino, pois não mais teremos um cavalo que possa nos conduzir. Por outro lado, se, por meio de um condicionamento e da nossa vontade, domarmos e educarmos esse cavalo, aplicando esforços para que ele nos conduza com mais velocidade, mais segurança e menos cansaço, alcançaremos um destino mais longínquo.

Assim funciona, por exemplo, com o desejo sexual. Ele está presente em todas as pessoas, mas quando não é domado, pode se tornar uma paixão perigosa e canalizar nossas energias, conduzindo-nos para o fracasso espiritual e para os vícios.

Este princípio funciona da mesma forma quando nos referimos à faculdade mediúnica, que, se bem utilizada, trará como resultado a evolução espiritual; se mal utilizada, pode nos levar ao fracasso.

Ao domarmos nossos instintos e nossa energia sexual, adquirimos a capacidade de transformá-los em uma afetividade que vai além da sexualidade – uma expressão de amor que se fortalece e se multiplica na prática do bem. Quando praticamos o bem, o amor que nasce do desejo sexual, do plexo genésico e do plexo cardíaco, pode se elevar exponencialmente, tornando-se uma força capaz de nos impulsionar a servir a Deus e ao próximo, numa potência elevada a termos infinitos.

O trigo representa os frutos que colocamos em conexão com o divino, sendo um símbolo forte dentro do judaísmo e amplamente empregado pelo Mestre.

Para aqueles que ouviam as palavras de Jesus, esse era um conhecimento básico, um símbolo comum, pois o trigo faz parte das cerimônias judaicas. Podemos encontrá-lo tanto no *chalá* (חלה), o pão do *shabat*, feito de trigo, quanto no *matzah* (מצה), o pão ázimo da festa de *Pessach* (Páscoa judaica). Ao se realizar o *seudat* (סעודת) uma refeição judaica de consagração a um dia dedicado a Deus, também deve haver pão na mesa. Como vemos, é necessário nutrir o divino do espírito de cada um para que as sementes que ali se encontram possam frutificar nos corações por meio de atos, pensamentos e palavras. Assim, temos uma explicação básica sobre o porquê da presença do trigo nessa parábola.

Ao analisarmos os ensinamentos de Jesus, constatamos a beleza de sua didática, que, às vezes, pode passar despercebida. Ao relermos a primeira parábola (a do semeador), observamos que Ele não deixa claro de qual semente está falando. Além disso, percebemos que, na parábola anterior (estudada no capítulo 1), Jesus já havia feito uma introdução da "Parábola do Joio e do Trigo".

Embora não tenha especificado de qual semente se trata aquela mencionada na "Parábola do Joio e do Trigo", Jesus diz: "Que semeou boa semente".

Para compreender o processo dessa grande didática, partimos do princípio de que Ele utiliza as sete primícias – sendo que sete, cabalisticamente falando, representa a perfeição – para simbolizar todo o alimento do universo.

Dentro dessas sete primícias, há duas sementes que possuem um significado especial. Também observamos que o Mestre revelou duas parábolas sobre sementes: a do semeador e a do joio e do trigo. Elas servem para fechar a introdução de Seu ensinamento, tão importante para que não se perca a essência do que Ele quer transmitir às pessoas.

Na primeira parábola, Ele utilizou a figura do semeador, enquanto na segunda, nomeou as espécies.

Mais adiante, poderemos dar significado para cada uma das sete espécies, pois todas possuem um simbolismo muito belo.

Ressaltamos aqui que, entre as sete primícias, não se encontra a maçã, ainda que todos digam que a árvore do conhecimento do bem e do mal seja desse fruto. No tradicionalismo judaico, essa árvore é a figueira, e o fruto do Paraíso é o figo (uma das sete primícias), que representa o conhecimento do bem e do mal.

Dissecando seus ensinamentos, notamos que Jesus iniciou sua metodologia vagarosamente, colocando o trigo como parte do alimento espiritual e a cevada como parte do alimento animal. Mas aqui, Jesus não fala sobre cevada, mas, sim, sobre joio. Então, passamos a formular outra questão: por que o joio?

O nome hebraico dado ao joio é *hazonin* (הזונין), enquanto, em grego, é chamado de *zizánion* ou *zizáno*, traduzido para o português como "cizânia".

Jesus escolheu essa semente com muita propriedade, pois a cizânia – ou o joio – é um falso trigo.

Na etnobotânica, essa espécie recebe o nome de *Lolium temulentum*, e é extremamente danosa por atrair a presença de um fungo do gênero *Neotyphodium*, produtor de uma toxina que funciona como um veneno, inclusive para o ser humano.

Por mais que questionemos de onde Jesus tirou a referência dessa semente, temos, ao mesmo tempo, a certeza de que Ele conhecia suas propriedades danosas, pois estava apresentando uma planta que é o oposto do alimento espiritual. Por essa razão, a cizânia aparece na concepção ocidental, da mesma forma que o *hazonin*, ou seja, algo que se opõe. Logo, ela representa Satã, o opositor e destruidor, aquele que é o oposto do que traz a vida.

Além disso, a palavra joio, segundo o profeta Ezequiel, no sentido espiritual, traz uma referência à infidelidade para com o divino – joio, ou *hazonin* (הזוני ן), em hebraico, possui a mesma raiz ortográfica da palavra *zoná* (זונה), prostituta.

O trigo carrega um valor simbólico perfeito na cerimônia. Até mesmo a igreja cristã incorporou o trigo e o vinho – ou seja, o trigo e a videira, um cereal e um fruto – para representar Jesus em suas cerimônias, afinal, o próprio Cristo se intitulava “o pão da vida” (*João*, 6:35). Além disso, Jesus é a pureza do trigo.

Do ponto de vista judaico dessa explicação, podemos retomar *Mateus*, no que ele chama de “provação de Jesus no deserto”, quando pediram a Jesus que transformasse pedra em pão. Esse pedido fora feito como um desafio, já que Jesus utiliza esse mesmo alimento em seu sermão: “Quem dentre vós dará uma pedra a seu filho, se este lhe pedir pão?” (*Mateus*, 7:9)

Jesus era dualista em seus ensinamentos. Observemos que Ele não utilizou o trigo e a cevada, mas empregou o trigo e o joio. Dessa forma, ele construiu um dualismo antagônico perfeito, pois o joio, além de não ser um alimento, ainda pode atrair o *Neotyphodium*, que infesta o trigo e passa a ser danoso para o corpo físico. Com essa espécie, Jesus nos trouxe algo que é simbolicamente muito mais profundo.

É interessante ressaltar que essa parábola, assim como a "Parábola do Semeador", foi explicada por Jesus. Neste capítulo, buscamos compreender aquilo que o próprio Jesus explicou previamente, tornando esse entendimento mais acessível. Por outro lado, com tudo que vem sendo levantado, não será possível trazermos todos os significados contidos aqui. Ainda assim, o importante é deixar claro esse princípio de pureza e de vida do trigo, a partir da fala de Jesus, "Eu sou o pão da vida", enquanto o joio representa aquilo que se opõe a essa pureza e riqueza espiritual do trigo.

Partindo desse princípio, iniciaremos a leitura, análise e explicação dessa parábola, traçando paralelos entre os versículos e extraindo deles aquilo que for possível, no limite das nossas condições de conhecimento.

2. Análise

Como comentamos anteriormente, após a "Parábola do Semeador", é na "Parábola do Joio e do Trigo" que Jesus finalmente deixa claro qual semente está sendo semeada. No entanto, no início dessa parábola, Jesus ainda não especifica a semente à qual Ele estava se referindo: "Propôs-lhe Jesus outra parábola: 'O reino dos céus é semelhante ao homem que semeou boa semente no seu campo'".

As palavras "trigo" e "joio" surgem pela primeira vez logo depois, quando ele declara: "Enquanto todos dormiam, veio o seu inimigo, semeou o joio no meio do trigo e foi-se embora". Logo após, do versículo 36 ao 43, Jesus explica essa parábola:

> **36Então, deixando as multidões, entrou em casa. E os dis-**
> **cípulos chegaram-se a ele, pedindo-lhe: "Explica-nos a pa-**
> **rábola do joio no campo". 37Ele respondeu: "O que semeia a**
> **boa semente é o Filho do Homem. 38O campo é o mundo. A**
> **boa semente são os pessoas do Reino. O joio são as pessoas**
> **do Maligno. 39O inimigo que o semeou é Satã.[27] A colheita**
> **é o fim do mundo. Os ceifadores são os anjos. 40Da mesma**
> **forma que se junta o joio e se queima no fogo, assim será**
> **no fim do mundo: 41O Filho do Homem enviará seus anjos**
> **e eles apanharão do seu Reino todos os escândalos e os que**
> **praticam a iniquidade 42e os lançarão na fornalha ardente.**

---

27. A palavra "satã" surge pela primeira vez no livro de *Jó* como um promotor celestial. Aqui especificamente, significa "opositor".

Ali haverá choro e ranger de dentes. 43Então os justos brilharão como o sol no Reino de seu Pai. O que tem ouvidos, ouça!" (*Mateus*, 13:36-43)

Vemos aqui que Jesus primeiro falou sobre a "boa semente", para depois dizer que ela era o trigo. Neste momento, porém, observamos uma situação contrária à "Parábola do Semeador". No primeiro caso, Jesus deixou a casa e foi para a praia; enquanto a multidão o acompanhava, Ele entrou no barco e começou a ensinar. No segundo caso, por estar falando a Seus discípulos, essa explicação tinha um caráter esotérico e pessoal, uma conversa íntima, como entre família. Por essa razão, dizemos que Ele deixou uma missão exterior, de ensinar por parábolas, para ensinar ali, onde não havia uma multidão.

Como não havia multidão, foi preciso que Ele voltasse e entrasse em casa. Isso significa que Jesus voltou à Sua intimidade, como Ele mesmo diz:

> [...] Eu te louvo, ó Pai, Senhor do céu e da terra, porque ocultaste estas coisas aos sábios e doutores e as revelaste aos pequeninos. (*Mateus*, 11:25)

Assim, Jesus afastou-se dos escribas e fariseus, representantes da ortodoxia, para estar, naquele momento, entre cobradores de impostos e pescadores, ou seja, pessoas simples, mas aptas a receber os ensinamentos que Ele precisava transmitir.

Para isso, o Mestre precisou recolher-se em família e voltar para a casa de Pedro. Os discípulos, que também estavam no meio das multidões, chegaram até ele.

Do ponto de vista espiritual, isso significa que os discípulos se tornaram receptivos, elevando-se espiritualmente e sintonizando-se com o divino, pedindo a Ele a explicação da "Parábola do Joio no Campo". Para essa parábola, portanto, houve um preparo diferente.

Embora esta parábola seja ligada à semente, ela foge do que Jesus fazia perante as multidões. Em determinado momento, Ele está atendendo seus discípulos, e, embora a doutrina espírita não tenha mistérios ou esoterismo, o "cristianismo" dos tempos de Jesus possuía esses elementos. Isso, porém, não significa que Jesus ocultava ensinamentos daqueles que tinham capacidade de compreendê-los, mas sim que nem todos estavam preparados para recebê-los.

Os fariseus, escribas, publicanos e saduceus, que compunham grupos religiosos, eram muito fechados para aceitar a espiritualidade que Jesus trazia: uma espiritualidade baseada em um Deus amor, Deus perdão e Deus fraternidade. Eram muito orgulhosos e gostavam de estar nas primeiras filas, e de desfrutar do prestígio, embora não possuíssem, na prática, nenhuma condição de amor, pois exerciam seu poder explorando os mais simples.

Jesus falou muitas vezes sobre isso. Portanto, para que eles recebessem esse ensinamento, Jesus começou a falar de uma revelação messiânica. A partir daí, Ele passou a trazer uma espécie de messianismo para Seus escolhidos e discípulos e, para isso, foi necessário que Ele voltasse à Sua intimidade; era preciso que aqueles que queriam ser íntimos Dele – no bom sentido da receptividade espiritual – se preparassem da mesma forma; diz *Mateus*, 13:36: "[...] chegaram-se a Ele [...]". Se estavam juntos e caminhavam juntos, já estavam com Ele. A palavra de *Mateus* esclarece essa aproximação, revelando que não se tratava de uma aproximação física, mas espiritual, para que estivessem aptos a receber aquilo que desejavam de Cristo.

No versículo 51 desse mesmo capítulo 13, Jesus perguntou à multidão: "Entendestes todas essas coisas?". A essa pergunta, todos responderam "sim". A resposta está relacionada ao que comentamos sobre as multidões, no capítulo anterior. As multidões que ouviam Jesus eram grandes, porém, os discípulos eram poucos. E, para tornar-se um discípulo, era preciso estar apto a se aproximar do Cristo, por meio do seu livre-arbítrio, do seu esforço e da sua boa vontade.

Começaremos, no próximo item, a discutir a parábola.

Algo importante a ser destacado, nesse primeiro momento, é uma palavra que chama atenção: "campo". A explicação do uso dessa palavra ocorrerá já no primeiro versículo da parábola: o de número 24.

2.1. "[...] O Reino dos Céus é semelhante ao homem que semeou boas semente no seu campo." (*Mateus*, 13:24)

Já de início, e com o conhecimento judaico, podemos estabelecer uma conexão com um versículo do livro *Shir Hashirim* (שיר השירים), o *Cântico dos cânticos*, pelos escritos do rei Salomão, presente no capítulo 6, versículo

3: "*ani ledodí vedodí li*" (אני לדודי ודודי לי) "Eu estou para o meu amado e o meu amado está para mim". Quando fazemos a leitura desse versículo, é comum pensarmos que o rei Salomão está se declarando a uma amada. Porém, sua declaração é dedicada a Deus: "Eu estou para Deus como Deus está para mim". Ao pegarmos as primeiras letras dessas quatro palavras – *ani ledodí vedodí li* –, formamos uma palavra: *alvl* (אלול), *Elul*, o último mês do ano. Após o último dia de *Elul*, temos o *Rosh Hashaná* (ראש השנה), "cabeça do ano", ou seja, o ano novo judaico. Sigamos com mais exemplos para fecharmos essa ideia.

Um dos discípulos de *Baal Shem Tov*[28] (בעל שם טוב) narra uma parábola, em que diz: "*Hamelech Basadeh*" (המלך בשדה), "o rei está no campo". Nessa parábola, ele narra que o rei, por viver em um palácio, encontrava-se sempre muito distante da cidade, mas decidiu visitá-la. Ao entrar na cidade, o povo dizia: "o rei está no campo" e, diferentemente de quando ele se encontrava no seu palácio (que possuía uma série de muralhas, nobres e requisitos pelos quais era preciso passar para poder se encontrar com o rei), naquele momento em que ele estava no campo, todos tinham acesso a ele. Quem quisesse falar com o rei ou desejasse saudá-lo, poderia ir até ele, sem encontrar barreiras ou dificuldades. É exatamente isso que significa a expressão *Hamelech Basadeh*. Nesse campo, o rei é colocado na condição de *HaZorea* (הזורע),

---

28. Ele revelou a *Chassidut*, que posteriormente dará origem ao livro *Tanya*, que é o livro base da *Chassidut Chabad*, uma linha de estudo que deriva de princípios da *Kabalá*.

o semeador, como no capítulo anterior. Ele é o semeador e aqui representa o Cristo. Ele é o rei e está no campo. No entanto, a ideia transmitida na "Parábola do *Baal Shem Tov*" é a de que o período e as condições são propícios para que todos se aproximem do rei e se reconciliem com ele, representando o *Ani ledodí vedodí li*.

Nesse momento, estaríamos encontrando a condição da *teshuvá* (התשובה), que significa "arrependimento" ou "retorno", em hebraico. Esse retorno ocorre porque, ao nos afastarmos da luz, surge a oportunidade de reparar o erro cometido. Como fomos nós mesmos que nos afastamos, cabe agora a cada um, por esforço pessoal, reparar esse erro diante do rei.

Segundo a tradição, dez dias depois do *Rosh Hashaná*, há o *Yom Kipur* (יום כיפור), o dia em que se pede perdão, como encontramos em *Jeremias*:

> 2[...] me seguias pelo deserto, em uma terra não cultivada. (*Jeremias*, 2:2)
>
> זכרתי לך חסד נעוריך אהבת כלולתיך לכת

O campo não é como um deserto onde nada foi plantado, pois está escrito que a terra e o campo de cada um possuem plenas condições de frutificar. Porém, ainda em *Dvarim*, *Deuteronômio*, encontramos:

> 8[...] o SENHOR teu Deus [...] te der toda a terra que prometera dar a teus pais [...] (*Deuteronômio*, 19:8)

11 O SENHOR te concederá abundância de bens no fruto do teu ventre, no fruto dos teus animais e no fruto do teu solo, este solo que o SENHOR jurou aos teus pais que te daria. (*Deuteronômio*, 28:11)

והותירך יהוה לטובה בפרי בטנך ובפרי בהמתך ובפרי
אדמתך על האדמה אשר נשבע יהוה לאבתיך לתת לך

O *midrash*, que faz parte da tradição oral do povo judeu, diz que no futuro todo o planeta será a terra prometida, uma terra que mana leite e mel. Ele está afirmando que no futuro todos os campos – todos os corações – estarão regenerados, pois estamos todos mergulhados na lei do progresso, justiça e misericórdia.

Encontraremos em *Mateus*, 13:37–38 a explicação de Jesus sobre o versículo 24, em que Ele responde, dizendo: "[...] O que semeia a boa semente é o Filho do Homem. O campo é o mundo." Dessa forma, *HaZorea* é o Cristo, o Filho do Homem, e o campo representa o mundo.

Mas não é só isso. É preciso recordarmos do conceito que foi trazido por Platão – e que é explorado também pelos Espíritos – de que as leis que regem os macrocosmos, o universo, o mundo, um país, um estado, uma cidade, um bairro ou uma casa, também regem o espírito de cada um. As leis partem de uma inteligência suprema e se manifestam no fluido cósmico universal, onde tudo está mergulhado. Por isso, as mesmas leis que regem o macro, também regem o micro; o campo, ao mesmo tempo que é o mundo, também é o espírito e o coração de cada um de nós.

No *Evangelho de Marcos*, capítulo 7, versículo 24, há uma passagem em que Jesus sai da Galileia, pois buscava se afastar para descansar. Como sabemos, o Mestre era um homem muito querido, importante e de difícil acesso. Por essa razão, Ele nunca estava só, assim como os avatares também não estão. Hipoteticamente, seria como se descobríssemos que Chico Xavier – quando ainda estava encarnado – estivesse visitando nossa terra. Certamente, faríamos de tudo para encontrá-lo, pois poderíamos agradá-lo muito mais em nossa própria terra, que conhecemos, do que na terra dele. Por esse motivo, havia uma receptividade muito maior a Jesus.

Marcos relata que os discípulos do Mestre se afastaram da Galileia, seguindo para o norte, no sentido da Síro-Fenícia, onde Jesus desejava repousar. Ele estava se dirigindo a uma terra estranha, para campos e lugares que ainda não tinha visitado. Nesse contexto, uma mulher, cuja filha estava há muito tempo doente e sem condições de falar com Ele, viu naquela visita a oportunidade de sua vida e foi procurar o Nazareno. Ao chegar e pedir para ver Jesus, os discípulos se aborreceram, dizendo algo como: "Não é possível, o Mestre não pode ter um momento de descanso, que alguém já aparece aqui para perturbá-lo. Alguém mande essa mulher ir embora."

Diante dessa situação, Jesus desenvolveu um diálogo interessante, dirigindo-se a ela, enquanto dava satisfação aos discípulos, dizendo:

27[...] Deixa que primeiro os filhos se saciem porque não é bom tirar o pão dos filhos e atirá-lo aos cachorrinhos. (*Marcos*, 7:27)

A isso, ela respondeu, ajoelhando-se aos pés de Jesus:

[...] É verdade, Senhor; mas também os cachorrinhos comem, debaixo da mesa, as migalhas dos filhos! (*Marcos*, 7:28)

Sua resposta silenciou Jesus e todos que a ouviam, revelando a profundidade daquele coração materno e a intensidade de sua necessidade. Naquele instante, ela capturou Jesus no campo, da mesma forma como aconteceu com o rico e Lázaro, quando ele procurava as migalhas que caíam da mesa do rico.

A mulher, portanto, estava parodiando essa parábola que Jesus já havia narrado, ou narraria algum tempo depois. Ela usou os mesmos termos da parábola e conseguiu o que queria, pois fazia parte do campo e daqueles que, mesmo sem ter conhecimento, tinham necessidade, que é maior do que qualquer outra coisa.

Jesus jamais poderia deixar de atender a mulher, e disse-lhe: "[...] Pelo que disseste, vai: o demônio saiu da tua filha". (*Marcos*, 7:29)

Com esse exemplo, vemos que Jesus quebrou barreiras e paradigmas, pois o campo, como mencionado anteriormente, simboliza o mundo, o planeta Terra, abrangendo todos os seres que fazem parte dele, tanto no mundo material quanto no espiritual. Diante disso, aquele que "semeia a boa semente" é Ele próprio.

Assim como o campo em que Ele semeia é o nosso mundo, Jesus veio trazer a semente espiritual para todos nós. Ele é o governador do nosso planeta, que recebeu de Deus a responsabilidade de cuidar de todos.

Lembremos que o Mestre declara, com muita felicidade e gratidão, em *João*, 17:5:

> **Pai honra-me com a honra que eu tinha, quando eu me encontrava contigo antes da criação dos céus e da terra no mundo da vida, no mundo espiritual que poucos têm acesso. [tradução nossa a partir dos originais]**

E, então, Jesus se intitula o pão da vida e, mais uma vez, tudo se entrelaça em Seus ensinamentos.

Podemos observar que Mateus, sendo judeu, conse-

guiu aprofundar paulatinamente as instruções de Jesus, conduzindo um ensino progressista, evolucionista e ascendente no sentido espiritual, em que o Mestre começou como um semeador naquele campo, onde realizou quatro tentativas.

Partiremos agora para a análise do nascimento do joio.

2.2. **"Enquanto todos dormiam, veio seu inimigo e semeou o joio no meio do trigo e foi-se embora." (*Mateus*, 13:25)**

Para iniciarmos a análise desse versículo, vamos primeiramente fazer referência aos dois sonos existentes no *Tanakh*, no *Antigo testamento*.

Há um primeiro tipo de sono narrado pelo *midrash*, vivido pelo patriarca Jacó. Quando chegou ao Monte Moriá, ele disse: "Vou seguir, pois ainda é dia". Então, parou ali e fez suas preces. Quando concluiu, já era noite, e ele caiu no sono. Durante esse sono, ele sonhou com a *escada de Jacó*. No entanto, não é a esse tipo de sono que Jesus está se referindo.

O outro estado de dormência que encontramos é o do profeta Jonas e, por seu exemplo, podemos demonstrar a lei de causa e efeito, pois ele fugiu do trabalho divino, de seu compromisso com Deus.

Quando o profeta recebeu a profecia, as palavras de Deus chegaram a ele por meio de sua mediunidade, e ele deveria transmiti-la a seu destino. Por conta disso, ele pegou um barco e partiu da cidade de Jope (*Yafo*, em hebraico), fugindo da sua missão.

Assim como Jonas, todo aquele que segue uma ilusão vive como se estivesse em uma tarde ensolarada de brisa tranquila. Porém, ao chegar em alto-mar, sua embarcação foi atingida por uma tempestade.

Relata o *midrash*[29] que, enquanto todos que estavam em cima do barco começaram a rezar, Jonas desceu ao primeiro andar para dormir.

---

29. O termo *midrash* é derivado do radical hebraico *darash*, que significa pesquisar, investigar. O *midrash*, então, é uma exposição dos *pessukim* (versículos) da *Torá*, que foi extraída por nossos sábios depois que eles sondaram as profundezas de cada *passuk* (versículo) e todas as palavras e letras ali contidas, na busca por seu verdadeiro significado.

É a esse sono que Jesus faz referência – o sono de quem fecha os seus olhos para o dever que lhe foi incumbido por Deus. Isso não significa, necessariamente, que estejamos praticando o mal, mas podemos estar omitindo o bem, isto é, permitindo que ocorra uma ausência do bem em favor do mal, como a ausência do calor que intensifica o frio, ou como a ausência da luz, que age em favor das trevas.

Portanto, é a esse sono que Jesus se refere: ao mesmo do livro do profeta Jonas quando este dorme ao descer para o fundo do barco e se omite no momento em que deveria se conectar com Deus.

Quando questionamos quem foi o inimigo que causou essa omissão, é comum que culpemos satã, o diabo, o capeta; culpamos a qualquer um, menos a nós mesmos. No entanto, é muito mais forte aquele que vence a si mesmo do que o que vence mais de mil batalhas. Em seguida discutiremos mais sobre esse inimigo. Por enquanto, busquemos entender que ele não é uma personalidade que habita o lado de fora do nosso corpo: o opositor habita dentro de cada um e ele é o responsável por semear nesse campo onde nos omitimos no bem e entregamo-nos ao mal. Quando agimos assim, estamos fechando os olhos para os deveres do espírito e, nesse momento, a imperfeição que vive dentro de nós é responsável por semear esse joio – essa discórdia. Nos versículos 38 e 39 do capítulo 13, encontramos a continuação da explicação, quando fica claro que a boa semente são os filhos do reino, e o joio são os filhos do maligno e, por isso, o inimigo que semeou foi satã.

Ainda no versículo 25, "Enquanto todos dormiam" é um reforço de que não podemos deixar de estar sempre vigilantes.

Os pais da igreja enfatizam que aquele que é missionário ou mensageiro não pode se descuidar e deve estar atento à forma como sua mensagem chega às pessoas. Por isso, precisamos ser vigilantes e sempre observar, pois, às vezes, o que falta a um irmão é oferecer um aconchego, um entusiasmo ou um estímulo para que nossa mensagem seja assimilada e vivida por aqueles que a levam.

Como Jesus bem colocou na parábola, Ele semeou a boa semente, porém, enquanto todos dormiam, uma outra foi lançada, mas somente aqueles que "queriam", mas não foram atentos, acabaram por recebê-las. Há nisso muita relação com os indivíduos que são indiferentes às sementes, como as que caíram à beira do caminho, no pedregulho ou entre os espinhos. Essa semente não foi bem assimilada, pois as pessoas foram indiferentes à sua importância, e, quando somos indiferentes ao conselho amigo, à palavra confortadora, ao conselho que liberta ou a uma luz para nossas vidas, abrimos caminho para o maligno entrar.

Esse inimigo que entra não é encontrado na esquina; Ele não é aquela figura que a Igreja Católica construiu – um ser com chifres, calda e tridente, capaz de desafiar a Deus e com um poder para o mal equivalente ao que Deus tem para o bem. Esse inimigo que semeia pela indiferença de cada um é o orgulho, o egoísmo, o materialismo e o descompromisso com a boa semente que Jesus semeou no seu *Evangelho*, na vida das pessoas.

Dessa forma, em vez de multiplicarmos essa semente com os talentos que recebemos, nos tornamos letárgicos, vamos "dormir" ou ficamos alheios à responsabilidade que temos. Essa responsabilidade se dá no sentido de não deixarmos que o inimigo surja e se misture à essa semente, porque, muitas vezes, o egoísmo, o orgulho e a prepotência que estão em nós abrem todo um caminho para que não assimilemos a semente com dignidade, amor, dedicação, denodo e força de vontade, como Paulo de Tarso fez. Ele foi alguém em quem Jesus semeou a boa semente, e, diante dela, que é o trigo, ele não permitiu que a cizânia, a discórdia, o desentendimento e o melindre destruíssem sua oportunidade ímpar de trabalhar com aquilo que recebeu do Mestre.

Então ele diz: "O inimigo que o semeou é o maligno".

"Diabo", é uma palavra latina. Existe também "demônio", que é uma derivação do grego, vinda de Sócrates, que dizia que: "Meu *daemon* não deixa eu fazer tudo que eu quero". Pela concepção grega, *daemon* era um gênio bom, mas a Igreja o transformou em satanás, que vem de uma palavra hebraica que significa opositor, acusador e anjo da morte (*Talmud Bava Batra* 16a:8). No capítulo 1 do livro de *Jó*, 6–12, satã aparece como um promotor celestial ou um acusador, e jamais poderia ser considerado que um ser pessoal ou impessoal, ou uma entidade, fosse capaz de desafiar o poder e a mensagem de Deus.

Em Cesareia de Felipe, na alta Galileia, Jesus disse a Pedro que precisava ir a Jerusalém padecer sob as mãos dos sacerdotes e depois ser crucificado. Pedro então disse a Ele: "Senhor, nós não vamos permitir que isso aconteça". Declarou isso logo após afirmar a Jesus que Ele era o Messias e o filho de Deus vivo, momento em que Jesus o chamou de bem-aventurado.

Quando Pedro declarou que não permitiria que tal atrocidade acontecesse, Jesus respondeu: "Afasta-te de mim, Satanás" (*Mateus*, 16:22–23). Contudo, Ele não estava chamando Pedro de satanás, mas, sim, dizendo que Pedro estava tendo uma ideia contrária àquela que estava prescrita pelos profetas e que era preciso acontecer o que estava profetizado, pois era uma realidade que nem mesmo o próprio Jesus poderia mudar, já que estava no contexto da sua missão.

Dessa forma, o maligno, neste contexto, não é algo pelo qual se pode culpar alguém, como faziam os persas, que chamavam satã de *Ahriman*, depois da entrada no judaísmo, pela simpatia de Ciro.

Ao lermos a história do Retorno da Babilônia compreendemos quem exatamente é o inimigo, aquele que pode destruir tudo isso. Do ponto de vista material, o satã (השטן), derivado desse contexto, tornou-se aquilo que todos acreditam ser um ente terrível. No entanto, sua criação serviu apenas para assumir nossas culpas. Afinal, quando fazemos algo digno e bom, recebemos elogios, mas ninguém atribui isso a satanás. No máximo, assumiremos uma falsa humildade. Todavia, no momento em que erramos, a culpa será automaticamente atribuída a satã, ou obsessor, porque ninguém gosta de assumir a responsabilidade pelos seus erros, embora todo o bem e todo o mal (ou todo inimigo, joio ou cizânia) colocados por Jesus nessa parábola, estão presentes dentro de cada um de nós e surgem durante a nossa invigilância.

2.3. **"Quando o trigo cresceu e começou a granar, apareceu também o joio." (*Mateus*, 13:26)**

Não é possível nos aprofundarmos nesta parábola sem antes termos estudado a "Parábola do Semeador". Essas duas parábolas estão conectadas, como vemos, pela presença de um *midrash*. Essa tradição oral do povo judeu, embora se encontre registrada em livros atualmente, foi trazida pela oralidade dos ensinamentos dos sábios, os *chachamim*. O *midrash* diz que, quando brotavam um espinheiro e uma murta (*hadassá*, em hebraico), ambos eram muito semelhantes e, por isso, não era possível distingui-los. No entanto, a murta possui um cheiro agradável, enquanto o espinheiro, que não possui aroma, ainda dilacera. Como explicado no capítulo anterior, ele vem para sufocar as sementes.

Consideramos esse *midrash* um ponto fundamental para que possamos compreender por que na parábola anterior nascia o espinheiro no campo, da mesma forma que, nesta parábola, nasce o joio, que, quando pequeno, também não pode ser identificado com exatidão, por ser muito parecido com o trigo. Assim como a murta, só conseguimos saber se é, efetivamente joio quando a planta já estiver crescida. As imperfeições e paixões humanas podem ser comparadas ao joio no meio do seu trigal, disfarçado ali nos seus campos.

Podemos também conectar esses ensinamentos à passagem em que Davi lutou contra Golias, vencendo a batalha – aqui, Golias não é somente um guerreiro filisteu, mas representa os adversários que vivem dentro de cada um de nós, que podem ser a vaidade, o egoísmo, o orgulho e outras imperfeições.

Na verdade, ele vence a si mesmo quando derrota o gigante com uma única pedra, lançada por seu estilingue, para, em seguida, usar uma espada e cortar a cabeça de Golias.

Quando analisamos essa história sob o ponto de vista de uma luta, ela parece um tanto violenta. No entanto, estamos diante de uma representação simbólica. Nela, Davi "cortou o mal pela raiz".

Fica a lição de que devemos trabalhar incansavelmente para identificar, cortar e queimar o espinheiro e o joio que existem dentro de nós.

Após tudo que analisamos até aqui, podemos deduzir que, nas condições de superficialidade das relações humanas, não identificamos facilmente nossas imperfeições.

Adiantando um pouco a análise a ser feita em seguida, no versículo 27, os servos do proprietário foram procurá-lo e disseram: "Senhor, não semeaste boa semente no teu campo? Como então está cheio de joio?". A essa pergunta, ele responde: "Um inimigo é que fez isso". Depois disso, os servos perguntam se devem arrancar o joio, mas ele não permite, pois não se pode punir, condenar ou classificar ninguém até que essa pessoa demonstre na sociedade quem ela realmente é. Durante o tempo de convivência na sociedade, ninguém sabe exatamente quem é quem. Só poderemos descobrir a identidade dos outros – e a nossa – quando as diferenças começarem a aparecer. Só com a convivência e o contato frequente, as pessoas se revelam, semelhantes ao joio que cresce.

Em nosso íntimo, sabemos que existe algo dizendo que deve haver uma seleção, pois o joio – o mal – não deveria crescer entre nós. No versículo 26, conseguimos perceber essa ideia. Ele representa o momento em que as diferenças começaram a aparecer, porém, ainda não sabemos nada sobre elas, pois não houve tempo suficiente para julgar ou condenar quem quer que seja. Precisamos aguardar até que apareça a semente que diferenciará o joio do trigo e mostrará o quanto ele é danoso. Embora seja chamado de "falso trigo", por possuir um caule e outras características semelhantes ao cereal, quando suas sementes nascem, já não é mais possível confundi-lo com a outra espécie.

Podemos ainda observar que todos nós somos um misto de luz e trevas – joio e trigo – na nossa condição espiritual.

Estamos ainda procurando evoluir em um planeta de expiações e provas e encontramo-nos na condição de carregar imperfeições envolvendo os mais diversos recônditos do espírito, mesmo já desperto para o bem.

2.4. **"Os servos do proprietário foram procurá-lo e lhe disseram: 'Senhor, não semeaste boa semente no teu campo? Como então está cheio de joio?'" (*Mateus*, 13:27)**

Este versículo é interessante, pois nele temos a presença do dono do campo, dos servos e do campo. Assim, estabelecemos uma ligação dessa parábola com o capítulo 21 do *Evangelho de Mateus*, em que ele narra a "Parábola dos Vinhateiros Homicidas". Nessa parábola, um lagar[30] foi construído e uma vinha foi plantada. Após sua

30. Oficina que contém a aparelhagem correta para espremer determinados frutos, fazendo com que eles sejam transformados em líquido.

construção, o lagar foi circundado com uma cerca e, depois, uma torre foi edificada e arrendada para lavradores enquanto o dono se ausentou para longe. Após um período, o dono retornou para ver seus servos e lavradores, pois queria receber seus frutos. Porém, viu que os lavradores haviam se apoderado dos servos, ferindo um, matando outro e apedrejando mais um. O campo, como visto no capítulo 8, versículo 10, de *Deuteronômio*, é a boa terra que possui ribeiros de água. Essa boa terra é o espírito do homem, que está sempre apto a fecundar todas as sementes. O dono da vinha é aquele que plantou a vinha e o dono do campo, o semeador dessa parábola, é Jesus. Portanto, vindo de Jesus, as sementes hão de ser boas.

E quem são os servos do campo? São aqueles que compreendem a vontade do dono do campo, ou seja, a vontade de Deus, e servem a Ele para que todo o campo esteja em plenas condições de frutificar. E de onde veio, então, esse joio? A explicação para a presença do joio está conectada com o versículo passado: ele vem daquelas mesmas adversidades que vivem ainda no coração invigilante.

Na "Parábola do Semeador", falamos sobre as aves do campo, que representavam uma animalidade excessiva e comiam as sementes que caíam à beira do caminho. Também mencionamos as pedras, que impedem que a terra seja profunda, tornando-nos superficiais de espírito. Além disso, abordamos os espinheiros que sufocam essas sementes.

Portanto, o joio surgiu das imperfeições que habitam dentro de cada um de nós.

Sendo assim, compreendemos a surpresa expressada pelos servos do dono do campo nesse versículo. Essa surpresa decorre do fato de saberem que a semente plantada era o trigo – ou, pelo menos, perceberem que ela não havia sido bem plantada. Esses servos, como já foi dito, representam aquilo que sintoniza com Deus. Eles representam Seus anjos, os Espíritos que Ele enviou para trazer o bem para a humanidade, desde a criação do planeta, passando pelos profetas e patriarcas. Por isso, eles se surpreendem, perguntando como o campo poderia estar cheio de joio e de onde ele veio.

A razão para essa presença reside justamente em nossa conduta e fraqueza. Em alguns casos, também pode estar relacionada aos servos que não souberam transmitir sua mensagem, ou exemplificá-la adequadamente – servos que não viveram com autenticidade e foram falsos. Nesse caso, podemos incluir dirigentes e líderes que, em vez de cultivarem uma mensagem cristalina e pura, como a do *Evangelho*, representada aqui pelo trigo, permitiram que a mensagem divina fosse contaminada pelo antagonismo, inveja, melindre e tantas outras manifestações do nosso espírito – representadas pela cizânia.

Os servos, na maioria das vezes, fiéis e autênticos, se perguntam: "Onde eu falhei? Fiz tudo que achei estar de acordo com o que me pediste, mas por que o trigo não frutificou?" "Como tudo que plantei em teu nome – toda minha dedicação, renúncia e esforço – culminou no surgimento do joio e não do trigo?"

Nós, espíritas, geralmente também nos questionamos: em um meio tão puro e cristalino como o da doutrina espírita, que preserva sua essência e propósito, como surgiu o joio?

Há um *Evangelho* que explica e ratifica com simplicidade a mensagem de Cristo por meio de seus enviados e adeptos. Na doutrina, não há hierarquia religiosa – não existe papa, bispo, chefe, subdivisões ou classes superiores e inferiores.

Não há, de maneira alguma, pastores e padres. Há somente uma doutrina límpida, desprovida de superioridade, com o propósito de levar o *Evangelho*, com toda a igualdade possível, para todas as pessoas.

Por que, então, surgiu a cizânia, ou joio, onde os enviados de Jesus plantaram o trigo?

Pensemos, como forma de análise independente de julgamento, no questionamento de Jesus: "Aquele que não tiver cometido nenhum erro, que atire a primeira pedra".

Por isso, ressaltamos a surpresa dos servos, que haviam semeado o trigo da melhor maneira possível, mas, mesmo assim, presenciaram o joio no campo.

Se analisarmos de forma racional e desprovida de qualquer outro princípio de sentimento, é uma verdade incontestável, embora lamentável, que nunca se viu tanto joio no meio cristão como se vê agora.

2.5. "Ao que este respondeu: 'Um inimigo é que fez isso'. Os servos perguntaram-lhe: 'Queres, então, que vamos arrancá-lo?' Ele respondeu: 'Não, para não acontecer que, ao arrancar o joio, com ele arranqueis também o trigo." (*Mateus*, 13:28–29)

A explicação desse versículo exige que façamos uma reflexão, pois ele está mergulhado na tradição judaica. O capítulo 19 do livro de *Levítico* traz um convite a toda a nação de Israel, chamando-a a espelhar-se na santidade do Criador, e fala da relação com Deus e com o próximo. Portanto, ele discursa sobre coisas como o respeito aos pais, a necessidade de enxergar a todos como irmãos e o compartilhamento do melhor que cada um tem. Além disso, destaca a importância de guardar o *shabat*, que é o sétimo dia – não no sentido ritualístico, mas como uma forma de viver a fraternidade e o universalismo.

O propósito do *shabat* não é adorar ídolos, mas a vivência fraterna, e um exemplo disso é convidarmos aqueles que não têm onde passar o dia para se juntarem a nós.

Quando falamos da idolatria, não estamos nos referindo somente a ídolos físicos, feitos de barro, pedra ou qualquer matéria, mas a ídolos da vaidade, do egoísmo, do orgulho e da maledicência. Esse é o ídolo que, qualquer que seja a imperfeição moral que representa, falará sobre a colheita no campo, onde não se pode colher as bordas, pois elas devem ficar para os peregrinos, órfãos e viajantes – assim, eles não precisarão se humilhar pedindo, mas simplesmente possam ir até o campo e colher o que necessitam. *Levítico* também nos diz que, quando carregamos as carroças, também não devemos colher as espigas que caem, pois elas devem ser destinadas à caridade e aos necessitados. Esse capítulo também dialoga sobre sermos justos nos negócios, no comércio e na vida como um todo. Ele ressalta a importância da honestidade com os vizinhos, lembrando que não devemos mover uma cerca, assim como não devemos praticar a maledicência.

Por último, *Levítico*, 19 fala do importante *mitzvah*, o mandamento que não permite que se misturem dois animais de espécies diferentes em um cruzamento nem que duas espécies diferentes sejam colocadas para puxar a mesma carroça, pois, se colocarmos um boi e um cavalo juntos, o cavalo andará mais rápido e, dessa forma, prejudicará o boi.

O capítulo também discorre sobre agricultura, orientando que não devemos plantar duas espécies diferentes no mesmo campo, já que, no judaísmo, existem leis específicas para plantarmos as sementes de cada espécie na terra de Israel. Essas leis afirmam que é necessário haver uma distância segura entre plantações de espécies diferentes.

Ao lermos esses últimos versículos da "Parábola do Joio e do Trigo", percebemos que essas duas sementes foram plantadas juntas, mesmo sendo de espécies diferentes. A *Mishná*, que trata desse mandamento específico do livro de *Levítico*, determina que não é permitido plantar espécies diferentes em um mesmo campo. Por essa razão, os servos se dispõem a retirar o joio do campo, se essa for a vontade do Senhor.

No entanto, ainda que sejam espécies distintas, também podemos encontrar na *Mishná* uma diretriz sobre plantar sementes diferentes, chamada *Mishná Kilaim*[31] (מִשְׁנָה כִּלְאַיִם).

O primeiro versículo do primeiro capítulo dessa *Mishná* diz que o joio e o trigo são da mesma espécie. Obviamente, naquela época, não se tinha o conhecimento de botânica ou genética que temos hoje. Jesus tinha esse conhecimento, mas o povo não o compreenderia. O que importa é que o Mestre também conhecia a *Mishná Kilaim* e a colocou em prática. Na verdade, Ele demonstrou, mais uma vez, possuir um rigoroso conhecimento da lei rabínica e, por isso, diz, na parábola, que o senhor do campo não permitiu que arrancassem o joio, pois o joio e o trigo estavam, de certa maneira, ligados a uma mesma espécie. Essas duas espécies, consequentemente, poderiam conviver no mesmo campo (a *Mishná*, inclusive, inicia com essa informação), e não seria necessário retirá-las imediatamente, mas deixá-las ali e removê-las somente na hora certa.

O joio, *hazunin* (הזונין), como já mencionado anteriormente, possui outra palavra com a mesma *shoresh*, a mesma raiz, que é *zoná* (זנה), termo que se refere a "prostituição" – aqui, porém, não se trata da prostituição do corpo, mas da prostituição da nossa fidelidade a Deus.

---

31. *Kilaim* significa "mistura" ou "confusão". A *Mishná Kilaim* é um tratado no qual encontramos leis e diretrizes sobre produções agrícolas, incluído as misturas permitidas.

Essa é a mesma prostituição à qual o profeta Ezequiel se refere: quando há a presença de joio no campo, é porque não estamos sendo fiéis ao criador (*Ezequiel*, 23:3).

Mas, afinal, por que as duas sementes podem permanecer no mesmo campo? A razão é que, como é de conhecimento comum, todos somos uma mistura de luz e de trevas. Ninguém é inteiramente bom ou completamente mau; todos trazemos, em nosso íntimo, esses dois lados.

Também vivemos a experiência da convivência – e não apenas com o bem. Ao formarmos um grupo, quanto maior ele for, maiores também serão os desafios. Mesmo que seja um grupo voltado exclusivamente a fazer o bem, ainda assim enfrentaremos o joio, que se manifesta nas imperfeições do outro.

Quando dizemos "não tire o joio da sua convivência", é porque ele tem um propósito. Convivendo com o outro, somos convidados a olhar para suas imperfeições com indulgência, sem desejar arrancar o joio do campo do nosso irmão. Essa é uma ordem expressa: sejamos indulgentes e aprendamos a respeitar as imperfeições alheias.

No campo íntimo e no coração de cada um, também devemos lembrar que todos possuem imperfeições, mas isso não é uma razão para vivermos com culpa. Em vez disso, que essa seja motivo para nos empenharmos mais e fazermos maiores esforços, a fim de estarmos conectados a Deus e ao divino e de empregarmos as melhores condições no nosso campo.

Para isso, devemos ser mais vigilantes e colocar-nos em uma condição de entrega maior, sem olharmos para o nosso joio sob a ótica da culpa, mas como o agricultor que contempla seu campo e compreende que ele ainda necessita de cuidados.

Todo esse conhecimento da lei, apresentado por Jesus, provinha de uma *Mishná*, uma tradição anterior ao Seu tempo e que, embora ainda não tivesse sido escrita, já fazia parte da sabedoria dos grandes mestres da *Torá*.

Vemos, novamente, Cristo fazendo uma analogia que está totalmente de acordo com o judaísmo da época.

Também é interessante para este estudo sabermos que, ainda que o joio e o trigo sejam de espécies diferentes, eles são da mesma ordem (*Poales*) e da mesma família (*Poaceae*), e esse fato torna a escolha dessas espécies ainda mais impressionante e de sabedoria profunda.

Outro bom exemplo é o da família dos equídeos, na qual há, entre outros, os cavalos e os jumentos – pertencentes ao mesmo gênero (*Equus*), mas a espécies distintas. A cria resultante do cruzamento entre um cavalo e uma égua, será um cavalo; quando um jumento macho cruza com uma jumenta, o resultado é um jumento. No entanto, se houver o cruzamento entre um jumento e uma égua (espécies diferentes), o resultado será o chamado "burro" (quando macho) ou "mula" (quando fêmea). Esses últimos sobrevivem, mas não conseguem reproduzir, pois são quase sempre estéreis devido às características cromossômicas distintas entre as espécies. A razão para isso, segundo a lei judaica, é que são frutos de duas espécies diferentes que não podem se misturar.

Ao recordarmos os campos de Boaz, em Belém, presentes na história de Ruth, a moabita, constatamos como ela, obedecendo a essa colheita naqueles campos, gerou um fruto que foi a união dos dois, e foi assim que ela acabou sendo a bisavó de Davi. Esse é um exemplo de como a espiritualidade atua: vemos quanta riqueza está por trás de tudo isso e como a sabedoria espiritual se manifesta em meio a todas as coisas. Temos o trigo e o joio, que pertencem à mesma família, mas são espécies diferentes, e, em caráter de exceção, segundo a *Mishná*, podem ser plantados no mesmo campo. No entanto, são tão semelhantes que não temos como distinguir a presença de ambos até a hora da colheita. Por isso, por vezes ouvimos: "pessoas tão boas vão embora cedo e pessoas tão más permanecem". Essa é uma observação frequentemente repetida. No entanto, isso ocorre porque aqueles que permanecem ainda não estão no tempo de identificarem a sua própria espécie – precisam passar pela colheita e pela seleção, precisam ter o encontro com a própria consciência.

Em seguida, chegaremos ao ponto em que a riqueza dessa parábola se revela, precisamente, em seu fundo messiânico: o momento da colheita. Por isso, as formações relacionadas à *parashá*, *kedoshim* (קדושים) de *Levítico*, 19, são muito ricas, pois Jesus, em Sua grande sabedoria, se utilizou do conhecimento da cultura e das técnicas de Sua época.

A semeadura é uma técnica muito rica – um bom exemplo é a prática da colheita seriada[32] – e tem evoluído muito, à medida em que a ciência e a genética trabalham sobre esse conceito puramente judaico.

Quando Jesus é questionado sobre o divórcio pelos saduceus (*Mateus*, 19), Ele fala da dureza dos corações. Ainda hoje, em nossa sociedade, nos apresentamos como gêneros identificados dentro de nossas espécies. No entanto, a dureza dos corações muitas vezes nos leva à ingratidão para com nossa própria configuração, ao ponto desrespeitarmos não apenas nosso corpo, mas também nossa própria espécie. O resultado disso é uma colheita indevida, amarga, drástica e trágica.

Não se pode lutar contra esse princípio, pois o que cada um traz consigo enriquece imensamente o entendimento de que é essencial respeitar as diferenças. Isso significa conceder a cada um aquilo que lhe é adequado, conforme sua condição, seja ela da grandeza que for.

32. Consiste na técnica de plantio de sementes diferentes no mesmo campo, alternadamente – por germinarem em épocas distintas. Esse conhecimento é de extrema importância, pois, se elas não se desenvolvessem em diferentes épocas, não seriam produzidas suficientemente.

2.6. "Deixai-os crescer juntos até a colheita. No tempo da colheita, direi aos ceifeiros: 'Arrancai primeiro o joio e atai-o em feixes para ser queimado; quanto ao trigo, recolhei-o no meu celeiro.'" (*Mateus*, 13:30)

É nesse versículo que encontramos o aspecto messiânico dessa parábola. Para analisá-lo, recorreremos mais uma vez aos ensinamentos de Emmanuel, agora em *Vinha de luz*, obra psicografada por Francisco Cândido Xavier. Por meio deles poderemos receber uma luz ainda maior sobre o tema.

Nessa obra, Emmanuel diz:

> O homem comum ainda não dispõe de visão adequada para identificar a obra renovadora. Muitas plantas espinhosas ou estéreis são modificadas em sua natureza essencial pelos filtros amorosos do Administrador da Seara [...]; entretanto, se chega a hora da ceifa depois do tempo de expectativa e observação, faz-se então necessária a eliminação do joio em molhos. [...] verifica-se apenas a destruição de nossas aquisições ruinosas ou inúteis. E, em vista do joio ser atado, aos molhos, [nós compreendemos que] uma dor nunca vem sozinha.[33]

Nesse trecho, Emmanuel nos mostra que ainda não temos a capacidade de identificar no outro, em meio a uma convivência espinhosa, o que é joio e o que é trigo. Isso ocorre porque, no transcorrer da convivência,

---

33. Francisco Cândido Xavier, Espírito Emmanuel, *Vinha de luz*, FEB, cap. 107 – "Joio".

aquele que possui uma imperfeição tem plenas condições de transformar seu campo e alinhar-se à semeadura do Cristo. Porém, quando o momento certo chegar – algo que discutiremos posteriormente –, o "joio" precisará ser erradicado de qualquer maneira.

É interessante observar que na questão 728 de *O livro dos Espíritos*, Kardec pergunta: "É da lei da natureza a destruição?" Os Espíritos respondem que a destruição é necessária para que possa haver renovação, pois aquilo que, do ponto de vista humano, parece ser destruição, na visão dos Espíritos representa renovação.

Por essa razão, o símbolo utilizado nesta parábola é o verbo "queimar". Em vez de qualquer outro destino que poderia ser dado ao joio, Jesus utiliza essa simbologia porque o fogo representa a purificação, já que destrói o que é material e o "eleva". O fogo sempre "sobe", queimando para cima, nunca para baixo e, por isso, sua função é elevar e purificar, transformando o que ainda está materializado em algo mais etéreo: a fumaça e o calor.

O lavrador, diz Emmanuel, ao contemplar seu campo, dedica-se com extremo cuidado e carinho. Mesmo diante de um pomar que apresente imperfeições, ele trabalha com atenção para nunca ferir o embrião daquilo que foi semeado pelo Cristo. Seu empenho visa garantir que, no futuro, possa olhar para esse pomar com plena satisfação.

Emmanuel também recorre ao exemplo do escultor, dizendo que o artista não golpeia o cinzel contra o mármore, sem reflexão ou com força excessiva. Em vez disso, ele o maneja com delicadeza, para que a dor – aqui representada pelo cinzel – seja precisa e não venha a comprometer a integridade da obra de arte. A dor, como afirma

Emmanuel, sempre vem acompanhada de outras dores. Possuímos inúmeras potencialidades em nosso espírito e podemos nos aproximar de Deus por meio de todas elas. Somente quando esgotamos todas as possibilidades ligadas ao amor, ao despertar pela compaixão e a outras condições, abrimos espaço para a dor, que como um GPS, nos indica qual caminho seguir.

Retomando o trecho em análise, encontramos o seguinte: "Deixai-os crescer juntos até a colheita. No tempo da colheita, direi aos ceifeiros: 'Arrancai primeiro o joio.'"

Assim como é válido questionarmos: por que devemos primeiro arrancar o joio para depois, como ordenou, "atai-o em feixes", também é igualmente importante a busca do entendimento dessa última expressão.

Esse versículo inicia-se com a expressão da colheita e da regeneração, do fim do ciclo planetário. Diz Kardec, no capítulo 18 de *A gênese*, que na Terra regenerada não haverá mais lugar para os Espíritos renitentes no Mal. Logo, esses Espíritos serão degredados, pois a Terra, tendo se tornado um planeta regenerado, deverá ser povoada por Espíritos ligados ao Bem. Essa instrução nos esclarece sobre a razão pela qual o joio deve ser arrancado primeiro: o mal – na figura dos sabotadores ou divisores que provocam a cizânia – representa aqueles irmãos que não sintonizam com o *Evangelho*, e, como foi explicado em *Obras póstumas*, essas pessoas serão misericordiosamente afastadas. Em outras palavras, serão as primeiras a serem "arrancadas", de acordo com a expressão utilizada na parábola.

Em relação a "atar o joio em feixes", no entanto, a justificativa é outra: quando vemos feixes de joio (ou de cana, capim, trigo etc.), temos a impressão de que um dos ramos de qualquer uma das espécies é maior que os outros. Aqui, faremos uma referência a Kardec, que afirma que aqueles que são renitentes no Mal possuem uma vibração semelhante e, portanto, podem ser extraídos como se fossem um feixe ou como um grupo unido pela sintonia no mal, na discórdia, na divisão, na cizânia, no desamor ou no antagonismo. Por consequência, esses são os primeiros a serem afastados nessa época de transição para a regeneração.

Nesse momento, temos uma visão messiânica, pois Jesus disse que essa seleção deveria ser feita "para que fosse queimada". Esse "queimar" remete às palavras de João Batista no deserto: "Eu vos batizo com água [...] mas aquele que vem depois de mim [...] vos batizará com o Espírito Santo e com fogo." (*Mateus*, 3:11) Esse é o fogo libertador do espírito que aparece para selecionar aqueles que não evoluíram adequadamente. Esses, então, são afastados, como afirma Kardec em *A gênese*, para que não mais prejudiquem aqueles que foram selecionados para viverem no Bem.[34]

E, dessa forma, não haverá mais cizânia, antagonismo ou liberação de energia negativa para aqueles que conquistaram a Terra e que, de acordo com *Mateus*, no capítulo 5, são os mansos, pois "os mansos herdarão a Terra". Para isso, no entanto, a Terra requer ficar livre

34. Allan Kardec, *A gênese*, FEB, item 63.

da cizânia e do desamor. Por isso, a erva daninha precisa ser afastada, pois no planeta regenerado só ficarão os Espíritos ligados ao Bem.

Testemunhamos, neste versículo 30, toda uma colheita messiânica daquilo que Jesus está preparando para a humanidade desde a criação do orbe – momento em que ele recebeu esse planeta, na condição de planeta inferior, para depois ter o prazer e a alegria de "devolvê-lo" a Deus regenerado e liberto de todo o mal. Vemos aqui, basicamente, o princípio da separação entre bodes e carneiros.

Com isso, podemos nos aprofundar no que foi escrito por *Mateus* sobre o juízo final:

> **40 Da mesma forma que se junta o joio e se queima no fogo, assim será no fim do mundo: 41 O Filho do Homem enviará seus anjos e eles apanharão do seu Reino *todos os escândalos e os que praticam a iniquidade* [aqueles que representam o joio]. (*Mateus*, 13:40-41)**

Antecipando um pouco a análise, podemos dizer que o assunto em discussão aqui não é o fim do mundo, em seu sentido literal. Em vez disso, trata-se do fim de um ciclo ou de uma era. Kardec também aborda isso em *A gênese*, asseverando que não se trata do "fim do planeta", mas que "são chegados os tempos" em que esse ciclo estaria terminando, e outro começando.

No diálogo do *Bereshit*, ou *Gênesis*, 3:15, Deus fala da semente da mulher à serpente – notemos como a imagem da semente já está presente na tradição desde os tempos de Adão e Eva. Ele diz para a serpente: "Porei hostilidade entre ti e a mulher, entre tua linhagem e a semente dela". Conclui dizendo que a mulher esmagaria a cabeça da serpente, enquanto esta feriria seu calcanhar. Assim, termina o versículo 15 do terceiro capítulo. A *Kabalá* afirma que a cabeça e a outra extremidade da serpente representam um ciclo, que, na concepção judaica, dura 6 mil anos.

De acordo com essa tradição, a conclusão desse ciclo está se aproximando, pois já se passaram quase 5.800 anos no calendário judaico.

Para nós, espíritas, estamos vivendo a transição planetária, marcada pela regeneração que se aproxima por meio das provas e expiações. Com o término desse ciclo, nos aproximamos da época da colheita, momento em que ocorrerá uma seleção. Os cabalistas, inclusive, afirmam que "esmagar" e "morder" são termos que exprimem um sinal de progresso, dinamismo e ação – um sinal de que não devemos ficar inativos. Entre a cabeça e o calcanhar é necessário haver um período de dinamismo progressista, ou seja, de funcionalidade e de mudança. Isso significa moer, reduzir e esmagar para aperfeiçoar, pois, como ilustra Emmanuel, o machado – ou a charrua, como é dito por ele – que trabalha na terra fica brilhoso. A própria ação de ferir a terra, desencadeia, como consequência, um processo de limpeza no instrumento que a fere. Nesse sentido, a terra é como o ouro, que precisa passar pelo cadinho para começar a brilhar.

A cabeça da serpente e o calcanhar do homem são utilizados nessa profecia, considerada a primeira profecia messiânica. O que está sendo transmitido por Jesus, através da linguagem do joio e do trigo, possui exatamente o mesmo sentido.

Esse final é magnífico, pois constatamos que estamos trabalhando diretamente com a colheita e exatamente na época da colheita.

Após essa transição, entre os que permanecerem, não haverá espaço para a cizânia ou qualquer semente danosa. O que florescerá e se fortalecerá pelo fogo do espírito de Jesus e pela luz do mundo é a colheita do trigo.

Ainda podemos trazer para a discussão o capítulo 25 de *Mateus*, 31–46, no qual se fala desse final de ciclo, que Jesus chama de juízo ou julgamento final, embora esse não seja, como dito anteriormente, o final nem do mundo nem do planeta, mas de uma era ou de um período.

Há, portanto, segundo a tradição judaica, uma grande colheita a ser feita, até o ano 6000. Trata-se do grande encerramento de um ciclo, em que serão realizados os processos de transmigração entre orbes. Entretanto, teremos uma pequena ceifa, quase uma entressafra, à qual já nos condicionamos.

Para relembrarmos: tudo aquilo que existe no macro, no mundo inteiro, também existe no micro, para cada indivíduo, pois há uma única lei divina. Tudo que existe partiu de uma inteligência suprema e de uma unidade. Assim, a ceifa que ocorre no microcosmo, para o espírito humano, é a morte, seguida do desencarne. Isso significa que o desencarnar da morte é o encontro do homem com sua consciência. Através disso, já temos um vislumbre de como será essa grande colheita e nos deparamos com nossas consciências. Então, poderemos olhar para o nosso campo, para os feixes de trigo e de joio presentes nele, e fazer a contabilidade para ver qual foi o proveito das nossas obras aqui até esse momento, até essa encarnação. É a aplicação da lei de causa e efeito.

É possível inserir aqui, outra vez, um versículo de Salomão, que está em *Provérbios*, 27:19: "Como, na água, a face reflete a face, reflete no coração do homem, o homem" (כמים הפנים לפנים כן לב האדם לאדם). Ao refletirmos nossa face na água, enxergamos seu próprio reflexo.

Embora o livro de *Êxodo* registre que já havia espelhos naquela época, e sendo *Êxodo* anterior ao Rei Salomão, obviamente, há uma razão para a escolha do reflexo ser na água. Ele usa a imagem da água, pois, para conseguirmos olhar para nossa própria face nela, precisamos nos abaixar. Esse é o propósito da vida de cada um no mundo material.

É por meio do estudo e da instrução que encontramos o *Evangelho*, o judaísmo, a luz da doutrina espírita ou qualquer que seja a crença que tenhamos. Ele está dizendo que devemos viver essa crença e utilizar o autoconhecimento no sentido de adquirirmos forças para, assim, conseguirmos olhar na direção do nosso próprio campo e falar: "Meu Deus, quanto joio há em meio ao trigo! Porém, eu ainda sou apaixonado por parte desse joio e por essas imperfeições".

É necessário que tenhamos humildade para nos abaixar diante da água, buscando a visão da autoanálise, do joio que existe em nós.

Como diz Allan Kardec no código penal da vida futura: a felicidade está diretamente relacionada ao número de imperfeições que carregamos no espírito. Só poderemos ser plenamente felizes quando eliminarmos o joio do nosso campo e nele houver somente trigo; quando não houver pestes ou aves que aparecem e pegam as sementes jogadas pelo Cristo; quando tivermos a profundidade de enxergar nossas imperfeições como caminhos para alcançar o divino e a Deus; quando tivermos plenas condições de olhar para dentro de nós e reconhecer a presença de obstáculos, como fez Paulo de Tarso ao dizer: "Eu tenho um espinho na carne". E, ainda assim, será necessário que sigamos com esse espinho, caminhando lado a lado com o Cristo, anulando nossas paixões e nossas vontades. Foi assim que o Mestre Nazareno fez para que pudesse ser fraterno, pois, mesmo quando estava atendendo o mundo, um campo ainda um tanto selvagem, Ele nunca deixou de cumprir Seu papel.

Olhar para nós mesmos com autoconhecimento e inclinar a cabeça diante da nossa própria essência é reconhecer nossa verdadeira dimensão, valorizando as qualidades, que são pontos positivos dentro do nosso espírito. Não devemos anular nossas virtudes nem engrandecê-las, pois isso seria orgulho. Em vez disso, devemos nos perceber como pessoas que possuem tanto qualidades como defeitos, compreendendo os obstáculos não como barreiras, mas como degraus que conduzem à ascensão.

Estamos perto dessa grande colheita, que é a transição efetiva que vivemos hoje, e, nesse momento, devemos ser a mudança que queremos ver no mundo.

Precisamos começar o trabalho de mudança do mundo pelo campo dos nossos corações, pois todos que estão vivenciando esse momento foram chamados para serem trabalhadores da última hora, trabalhadores do dono da vinha e trabalhadores do dono do campo.

Como disse Humberto de Campos, poeticamente, no livro *Brasil, coração do mundo, pátria do Evangelho*,[35] para verificar os frutos nos corações dos homens, Jesus fez uma visita ao planeta Terra. Naquele momento, o Rei estava no campo. E, nesta época de transição planetária, o Rei está no campo. E, se estamos aqui, temos um compromisso com o Rei: o compromisso de redirecionar nossos corações, de repensar nossas imperfeições e de trabalhar nossas dificuldades para que elas se transformem pela elevação e pela representação do fogo divino dentro de cada um de nós.

Antes de prosseguirmos a análise do capítulo 25 de *Mateus*, repassaremos o "Sermão Escatológico" desse discípulo, que está no capítulo 24, pois ele faz uso de uma imagem de muito valor para a análise atual:

> 40E estarão dois homens no campo: um será tomado e o outro deixado. 41Estarão duas mulheres moendo no moinho: uma será tomada e a outra deixada. (*Mateus*, 24:40–41)

---

35. Francisco Cândido Xavier, Espírito Humberto de Campos, *Brasil, coração do mundo, pátria do Evangelho*, FEB.

Vemos, nessa passagem, que ele utiliza a mesma expressão e o mesmo local, isto é, o "campo". Também observamos a ideia de "levar um e deixar o outro", o que não significa que se trata de cinquenta por cento, mas, em vez disso, trata-se daquele que estiver no campo trabalhando e semeando o amor e a boa semente, pois este será levado para o reino do Bem, enquanto aquele que não estiver sintonizado com o bem – pois, com dois homens no campo, é possível que um esteja plantando trigo e o outro esteja plantando joio – será deixado.

Assim como as duas mulheres que estão trabalhando no moinho, aquela que está trabalhando com amor e com dedicação, será levada. Além disso, da mesma forma que os dois homens, que estão trabalhando no campo, as duas mulheres deveriam estar trabalhando com trigo, porém, se uma vai e a outra fica, é porque não estão trabalhando da mesma forma no moinho. Essas são duas metáforas muito interessantes que não poderiam ficar de fora dessa análise.

Mais adiante, em *Mateus*, Jesus nos fala:

> **31Quando o filho do homem vier em sua glória, e todos os**
> **anjos com ele, então se assentará no trono da sua glória.**
> **32E serão reunidos em sua presença todas as nações e ele**
> **separará os homens uns dos outros, como o pastor sepa-**
> **ra as ovelhas dos bodes, 33e porá as ovelhas à sua direita e**
> **os bodes à sua esquerda. 34Então dirá o rei aos que estive-**
> **rem à sua direita: "Vinde, benditos de meu Pai, recebei**

por herança o Reino preparado para vós desde a funda-
ção do mundo. 35Pois tive fome e me destes de comer. Tive
sede e me destes de beber. Era forasteiro e me recolhestes.
36Estive nu e me vestistes, doente e me visitastes, preso e
viestes ver-me." 37Então os justos lhe responderão: "Se-
nhor, quando foi que te vimos com fome e te alimentamos,
com sede te demos de beber? 38Quando foi que te vimos
forasteiro e te recolhemos ou nu e te vestimos? 39Quan-
do foi que te vimos doente ou preso e fomos te ver?" 40Ao
que lhes responderá o rei: "Em verdade vos digo: cada vez
que o fizestes a um desses meus irmãos mais pequeninos,
a mim o fizestes." 41Em seguida, dirá aos que estiverem à
sua esquerda: "Apartai-vos de mim, malditos, para o fogo
eterno preparado para o diabo e para os seus anjos. 42Por-
que tive fome e não me destes de comer. Tive sede e não
me destes de beber. 43Fui forasteiro e não me recolhestes.
Estive nu e não me vestistes, doente e preso, e não me vi-
sitastes." 44Então, também eles responderão: "Senhor,
quando é que te vimos com fome ou com sede, forasteiro
ou nu, doente ou preso e não te socorremos?" 45E ele res-
ponderá com estas palavras: "Em verdade vos digo: todas
as vezes que o deixastes de fazer a um desses pequeninos,
foi a mim que o deixastes de fazer." 46E irão estes para o
castigo eterno, enquanto os justos irão para a vida eterna.
(*Mateus*, 25:31-46)

Esses homens que estão sendo separados podem ser comparados, aqui, ao trigo e ao joio. Fica claro que, no juízo final – que não é a destruição do planeta, mas o encerramento deste ciclo –, toda caridade praticada, todo amor e toda boa semente plantada contarão.

A escolha das palavras usadas por Jesus, no início da "Parábola do Joio e do Trigo", "homem que semeou boa semente no seu campo", é complementada por Kardec, em *A gênese* e em *Obras póstumas*. Ele diz que os que semearam a boa semente terão uma boa colheita e, portanto, terão um final feliz.

Ao final da "Parábola do Festim das Bodas" (*Mateus*, 22:1–14), encontramos: "Ali haverá choro e ranger de dentes". É interessante porque essa tristeza e esse choro são causados pelo despertar da consciência diante daqueles que se depararam com a realidade, pois tiveram toda uma existência em que poderiam ter semeado o trigo, a "boa semente", mas, em vez disso, semearam a cizânia, o joio.

A semeadura de ervas daninhas doerá em suas consciências no momento em que descobrirem que não haverá mais lugar para eles, pois Jesus disse que os justos, aqueles que são semeadores do bem, brilharão como o sol no reino de Seu Pai. "Quem tem ouvidos, ouça".

3. Reflexões Finais

Fica aqui o coroamento dessa análise com a "Parábola do Juízo Final", que auxilia também na compreensão da separação do joio e do trigo, iniciada por Jesus em *Mateus*, 13. O juízo final está em *Mateus*, 25 e tornou-se a última mensagem de Jesus apresentada por esse discípulo.

No juízo final – o final de ciclo ou de era, visto no *Gênesis*, 3:15, e representado pela cabeça e pelo calcanhar, que simbolizam um ciclo – haverá fatalmente uma colheita pessoal, individual e intransferível. Cada um colherá segundo suas próprias obras, como também é dito em *Mateus*, 16:27.

Na parábola deste capítulo, concebemos Jesus como o semeador, os anjos como seus funcionários do campo, e o próprio campo, como a representação do mundo e do espírito. O trigo representa a boa semente, que frutificou ao lado do joio – este, por sua vez, simboliza a cizânia, a divisão, a separação e o antagonismo.

Ainda assim, apesar de tudo que absorvemos neste estudo, sabemos muito pouco a respeito dessas palavras. Acreditamos, no entanto, que conseguimos extrair aquilo que, no humilde conhecimento que temos, consideramos relevante destacar nesta parábola. Jesus já a havia explicado anteriormente, mostrando que as entrelinhas escondiam muitas reflexões interessantes a serem resgatadas. O estudo que estamos desenvolvendo talvez seja um pouco diferente daquilo que estamos habituados a encontrar, pois se trata de uma interpretação das parábolas, versículo a versículo, analisando o contexto histórico, suas palavras-chave, e traçando um caminho pelo qual possamos aprender um pouco mais sobre essas mensagens e sobre as palavras que Jesus deixou para a humanidade.

Dessa forma, buscamos despertar os corações para o *Evangelho*, cada dia mais e mais.

Até aqui, falamos de alguns aspectos muito importantes dos ensinamentos de Jesus: na "Parábola do Semeador", no capítulo anterior, falamos sobre espinhos, aves e pedras; neste capítulo, através da "Parábola do Joio e do Trigo", falamos do campo, do joio, do trigo e da representação de tudo isso em nossas vidas.

Com esta análise, percebemos que essa parábola se enquadra perfeitamente no mundo e que é compatível com todos os princípios da doutrina espírita e da lei de causa e efeito, seja em relação ao trigo, seja em relação ao joio, pois haverá uma colheita para todos, independentemente da situação em que nos enquadremos. E esta análise também mostra como a doutrina espírita vem coroar todos esses ensinamentos que Jesus deixou, com muita clareza, como diz a questão 627 de *O livro dos Espíritos*, levantando o véu e explicando com simplicidade aquilo que, até então, era um mistério, algo que se mantinha figurado, metafórico e parabólico.

Com este estudo, buscamos, sem nenhuma pretensão de esgotar o assunto, libertar as consciências e tornar mais palpável essa semente que o Cristo começou a lançar no Mar da Galileia dentro de um barco há dois mil anos e que, ainda hoje, ecoa como um farol para o mundo ocidental nas mentes e nos corações de todos nós. ★

Capítulo 3

"PARÁBOLA DO GRÃO DE MOSTARDA"

3

31*[...] O Reino dos Céus é semelhante a um grão
de mostarda que um homem tomou e semeou
no seu campo.* 32*Embora seja a menor de todas
as sementes, quando cresce é a maior das
hortaliças e torna-se árvore, a tal ponto que
as aves do céu se abrigam nos seus ramos.*

MATEUS, 13:31–32

1. Introdução

Assim como a "Parábola do Semeador" e a "Parábola do Joio e do Trigo", a "Parábola do Grão de Mostarda" tem sua origem no *Bereshit*, isto é, no livro de *Gênesis*, do qual Jesus era um profundo conhecedor.

Também estão nesse livro muitas outras informações acerca do mundo espiritual, que foram vigorosamente desenvolvidas pelos profetas enviados à Terra, como Abraão e Moisés. Desse modo, compreendemos que a parábola estudada neste capítulo tem uma raiz profunda na primeira revelação.

Nesta terceira parábola, Jesus já começa falando diretamente do Reino dos Céus. Isso é muito interessante, pois nos permite observar a sequência de Seus ensinamentos – Ele, que nasceu no meio judaico, como já enfatizamos –, que estabeleceram Seu reino messiânico, um reino de libertação e de amor, fundamentado nas raízes no judaísmo.

O grão de mostarda, ou, sob o ponto de vista judaico, a semente de mostarda do capítulo 13 de *Mateus*, versículos 31 e 32, continua a semeadura proposta por Jesus desde a "Parábola do Semeador", a primeira estudada neste livro.

Para melhor entendermos a terceira parábola analisada neste livro, propomos "voltar" três mil anos no tempo e olhar para o primeiro livro do *Pentateuco de Moisés*, pois só assim poderemos compreender o embasamento religioso e o contexto histórico daqueles a quem o Cristo falava.

2. Análise

A "Parábola do Grão de Mostarda" apresenta, já no início, o Reino dos Céus. Mas, afinal, quem formulou essa expressão "Reino dos Céus", tão citada por nós, por teólogos, salmistas e estudiosos? Quem foi o grande mentor dessa expressão e de tudo que ela representa?

Podemos começar explicando que, em nossas pesquisas, encontramos no primeiro livro das *Crônicas* (primeira revelação), capítulo 29, versículo 11, uma passagem interessante, que diz: "A ti, SENHOR, a grandeza, a força, o esplendor, o poder e a glória, pois tudo, no céu e na terra, te pertence."

Esse trecho não nos apresenta, especificamente, um Reino dos Céus, mas traz um conjunto de qualidades que expressam a grandeza, a força, o poder e a glória nos céus e na terra. Assim, mesmo sem nomear esse reino diretamente, a passagem já delineia sua essência, permitindo que ele seja compreendido a partir do conjunto de sua descrição.

Jó é questionado sobre Deus, assim ele responde:

> 7Pergunta, pois, ao gado e ensinar-te-á, às aves do céu e in-
> formar-te-ão. 8Fala à terra, ela te dará lições, os peixes dos
> mares te hão de narrar: 9quem não haveria de reconhecer
> que tudo isso é obra da mão de Deus? 10Em sua mão está a
> alma de todo ser vivo e o espírito de todo homem carnal.
> (*Jó*, 12:7–10)

Jó questiona "quem de nós não sabe que Deus fez tudo isso?". Esse conhecimento está expresso na primeira revelação, justamente nessa citação, e a expressão "Reino dos Céus" abrange o que em *Jó* está descrito.

Já no *Novo testamento*, encontramos a primeira citação do Reino dos Céus registrada no *Evangelho de Mateus* capítulo 3, versículo 2, que fala de João Batista, quando ele reclama dos fariseus, chamando aquele povo de "raça de víbora". Ele diz: "Arrependei-vos, porque é chegado o Reino dos Céus."

Mais adiante, *Mateus* discorre sobre o batismo de Jesus, seu tempo de recolhimento para reflexão, a tentação superada e sua chegada à Cafarnaum, local onde o Mestre inicia mais uma de suas pregações, recorrendo à expressão: "A partir desse momento, começou Jesus a pregar e a dizer: 'Arrependei-vos, porque está próximo o Reino dos Céus.'" (*Mateus*, 4:17)

Notamos, então, duas perspectivas da expressão "Reino dos Céus", que nos remetem ao mundo espiritual e não mais à amplitude apresentada nos "céus" do *Antigo testamento*. Na primeira revelação, a referência abrange tanto o mundo material quanto o mundo espiritual, enquanto, no *Novo testamento*, Jesus não está se referindo a um reino material.

Para que alcancemos esse reino, é necessário que façamos um retorno para dentro de nós mesmos, aquela reforma interior mencionada na primeira revelação através do chamado de Deus para Abraão no *Gênesis*, capítulo 12, o *lech lechá* (לך-לך) que significa "vai para dentro de ti mesmo".

João nos indica o mesmo caminho, dizendo: "voltai-vos para dentro de vós porque o Reino dos Céus está próximo". Essas citações não são uma grande coincidência.

Observemos que houve um preparo dos primeiros enviados de Jesus. No *Antigo testamento*, inclusive, o paraíso terrestre já representa a primeira amostra de um pequeno reino. Depois vem o salmista, o livro de *Crônicas*, *Jó*, todos falando dessa grandeza, mas unindo o mundo material ao espiritual.

Com João, temos a união da primeira com a segunda revelação, e ele nos apresenta a expressão "Reino dos Céus".

Em seguida, vem Jesus – antes mesmo de começar a escolher seus discípulos – e usa a mesma expressão (*Mateus*, 4:17), estendendo seu uso a outras parábolas e transformando esse conjunto de palavras em palavras-chave. A compreensão dessa expressão é tão importante que, se não a entendermos bem, poderemos nos perder na concepção desta e de outras parábolas.

Com essas palavras, Jesus e João estão reforçando aquilo que já havia sido preparado desde o *Bereshit*, o *gan-Ḗḏen*, o *Paraíso*. Contudo, enquanto João convidava as pessoas para uma transformação interior, Jesus foi além: ensinou, com seu próprio exemplo e vivência, o verdadeiro significado de Suas palavras.

O profeta Ezequiel também fala sobre a implantação do Reino dos Céus nas nossas vidas. Contudo, sua abordagem é feita de uma maneira tão complexa, que esse tema acaba sendo abordado – à luz da *Kabalá*, dentro do judaísmo – somente depois de muito estudo, devido à grande quantidade de símbolos (assim como João, o evangelista, utiliza vários símbolos no *Apocalipse*).

Ezequiel, por exemplo, menciona a carruagem de fogo do profeta Elias, o que pode abrir possibilidades para um entendimento literal, mas também pode alimentar a esperança daqueles cuja compreensão – superficial, obviamente – associava a matéria à salvação e ao conforto. Esse pensamento, que via o Reino dos Céus como algo material, contrasta diretamente com os ensinamentos do Cristo.

Se atentarmos ao terceiro mandamento, que nos orienta a não usar o nome de Deus em vão, encontramos uma possível interpretação para as referências a esse "Reino dos Céus", a esse *shamaim* (שמים), céus, em hebraico – tantas vezes utilizado. O termo "Reino de Deus" não era empregado, pois pronunciar diretamente o nome de Deus era transgredir um mandamento.

O profeta Elias teve sua ascensão aos céus; será que essa ascensão era ao céu material? Jesus também ascendeu, e seu relato aparece no *Evangelho de Lucas* e em *Atos dos apóstolos*. Porém, há uma peculiaridade: o local físico onde o fato ocorreu varia dentro do mesmo autor: ora Lucas menciona Betânia, ora o Monte das Oliveiras, lugares completamente distintos.

E qual reflexão *Lucas* deseja provocar com esse detalhe? A ascensão. Ela é espiritual, é uma condição do Espírito, visto que, se fosse material, Iuri Gagarin, Neil Armstrong, o profeta Elias e Jesus (entre outros) teriam ascendido aos céus da mesma forma. Então esse não é, definitivamente, um céu físico, mas, sim, um plano totalmente espiritual, cujo "solo" Jesus nos ensina – por meio de parábolas – a cultivar.

O Salmo 145 de Davi diz:

> **1[...] Eu te exalto, ó Rei meu Deus, e bendigo teu nome para**
> **sempre e eternamente. 2Eu te bendirei todos os dias e lou-**
> **varei teu nome para sempre e eternamente. 3Grande é o**
> **SENHOR, e muito louvável, é incalculável a sua grandeza.**
> **4Uma geração apregoa tuas obras a outra, proclamando as**
> **tuas façanhas. 5Tua fama é esplendor de glória: cantarei**
> **o relato das tuas maravilhas. (*Salmos*, 145:1–5)**

Esse Salmo vem nos falar sobre exaltar a Deus, sua incomensurável grandeza e sobre a transmissão desse conhecimento para as próximas gerações. Como falar de Deus e de sua grandeza, se o universo e o tempo foram criados por Ele?

Considerando Suas obras, estamos falando de um Deus eterno, um Deus imaterial, um Deus criador de todas as forças e de todas as potencialidades. Ou seja, um Deus onipotente.

Como podemos discorrer sobre a grandeza de Deus aos olhos do mundo material?

Como exaltamos, no plano material, algo que é muito maior do que a própria matéria?

Deus não cabe no universo porque o universo é criação Dele.

Como podemos exaltá-Lo, então? Com palavras? Construindo templos?

Para todas essas perguntas, a resposta é muito simples: exaltemos a Deus em nossos corações! É no nosso coração que o maior de todos os altares pode ser construído, pois ele está alicerçado no nosso espírito, e os verdadeiros adoradores adorarão a Deus em verdade e espírito.

Compreendemos Sua grandeza quando analisamos as diferentes organizações sociais, econômicas e políticas (feudalismo, monarquia, socialismo, capitalismo etc.) ou as ciências dos homens (medicina, filosofia etc.). Nenhuma delas comporta o Senhor. Nenhuma delas consegue contemplar Deus. E a grandeza de Deus é tão extraordinária, incompreensível, inconcebível, que ela não cabe em nenhuma dessas "caixinhas" que uma mente tão limitada quanto a nossa, um intelecto tão limitado quanto o nosso, poderia propor.

Então, essa é uma condição de exaltação, de adoração a um Deus, e de compreensão de um reino que emana Dele, que precisa ser trabalhado dentro do nosso espírito. Esse é o único lugar onde Deus efetivamente consegue se revelar. Quando praticamos a caridade, estamos manifestando Deus no mundo material por intermédio daquilo que foi trabalhado no nosso espírito – quem sabe, por milênios.

Depois, ele diz: "Piedoso e pleno de bondade é o Eterno, tardio em irar-se, e sempre pronto a ser generoso." Bem, se Deus é plenamente misericordioso e bondoso, porque é dito "tardio em irar-Se"? Deus fica com raiva? Não, esse sentimento é um sentimento humano, isso não pertence a Deus. O que o salmista Davi está querendo nos dizer nesse versículo é que a misericórdia e a bondade divina são tão grandes que, apesar de colhermos tudo aquilo que plantamos, nunca devemos nos esquecer que uma boa ação cobre uma multidão de pecados. Deus nos dá muitas chances de recomeçar!

Como sabemos, a ira não é um sentimento divino.

Antigamente, quando um rei se irava com um súdito, decretava sua morte sem hesitação. Imaginemos, agora, a ira de um Deus onipotente – como seria? O universo, criado por Ele, poderia ser destruído facilmente.

Com esse verso, Davi demonstra que há uma progressividade da dor em decorrência do livre-arbítrio, quando este escolhe se afastar da luz divina e trilhar caminhos equivocados.

O salmista também esclarece que, mesmo assim, muitas vezes tardamos em colher esses maus frutos ou, até mesmo, podemos reduzir o tamanho dessa colheita "ruim, se reconhecermos nossas faltas e nos empenharmos em expiá-las.

"Tardio em irar-se", portanto, significa que as nossas dores são graduais e não vão irar esse Deus e, por isso, Ele é tardio em irar-Se. Suas leis são perfeitas e estão permeadas com bondade, suprema justiça e misericórdia. Por conseguinte, estamos falando de um reino onde não encontramos vingança, mas sim indulgência.

Esse Reino dos Céus vai sendo desenhado, no linguajar do rei Davi, de forma na que não há nenhuma condição de se manifestar com plenitude na matéria.

Por último, Davi diz: "כבוד מלכותך יאמרו וגבורתך ידברו", cuja tradução é "sobre Teu reinado de glória falarão e sobre Teu Poder narrarão" (*Salmos*, 145:11), o que faz muito sentido, pois passamos, na Terra, por todas as condições e tipos de organizações sociais, mas nunca deixamos de falar de Deus e para Ele.

Aqueles que, por meio do materialismo, negam a divindade atendendo a tratados científicos (como Emmanuel muito bem coloca no prefácio do livro *Nos domínios da mediunidade*[36]), mesmo que contra sua vontade, estarão enclausurados, fechados em templos da ciência e se tornarão sacerdotes da própria fé, pois a ciência caminha na direção ao entendimento de que a matéria não existe, ou seja, de que ela é um condensado de energia.

Qual a diferença entre o objeto que estamos observando e nós mesmos, já que tudo é energia condensada? A diferença é que somos regidos por uma consciência. O reinado do qual estamos falando, pode ser dito, em hebraico,

---

36. Francisco Cândido Xavier, Espírito Emmanuel, *Nos domínios da mediunidade*, FEB.

desta forma: כל עלמים וממשלתך בכל דור, que significa "teu reinado é o reinado da eternidade". Não só de eternidade, mas também de mundos (isso mesmo, no plural).

Em outros termos, não se trata de um reino que cabe apenas no planeta Terra, mas sim de um reino, segundo o salmista, que se encontra no infinito, no desconhecido, e em todos os lugares onde haja fluido de pensamento divino, fluido cósmico universal, matéria negra, matéria de forma desconhecida, espírito etc.

Aí está a condição de um reinado eterno, que não se pode encaixar neste mundo.

Esta é a direção para a qual a parábola deste capítulo caminha – para um reinado que não é possível ser compreendido materialmente.

Jesus, com muita sabedoria, como sempre, não inicia Seus ensinamentos falando desse Reino. Ele começa a falar de algo que todos conhecem, como uma árvore, um passarinho, coisas da matéria, para, em seguida, nos colocar em uma posição de semeadores. Ele começa falando do comportamento dos que vivem, ou seja, da criação material que foi feita por Deus, que ainda não sabe que reino é esse.

Jesus, portanto, é o responsável por conceder esses códigos – maravilhosos e magníficos – que nos auxiliam a encontrar o caminho para chegar até Ele. É somente a partir da "Parábola do Joio e do Trigo" que Ele nos apresenta o Reino para o qual a entrada exige uma "seleção", e ao qual somos designados segundo o nosso merecimento.

O Mestre nos ensinou o caminho para chegarmos ao Reino dos Céus e, por isso, nós O chamamos de modelo e guia da humanidade, conceituação do Espírito da Verdade, uma vez que Ele é o mais perfeito modelo de comportamento e é nosso guia para a compreensão dos códigos, por meio de suas palavras, verdadeiros roteiros de uma vida com Deus.

O entendimento do Reino dos Céus é de suma importância para que compreendamos a mensagem contida nas parábolas do Mestre. É tanto a dizer (e ainda falaremos mais sobre esse Reino), que poderíamos escrever um livro inteiro sobre o tema. Apesar disso, esse não é o único ponto a ser desenvolvido na presente parábola e, por isso, vamos agora tratar de outro importante aspecto encontrado nesse texto, *zarei hardala* (זרע חרדל), a semente de mostarda.

Começaremos com a tentativa de compreender por que Jesus escolheu a semente de mostarda para compartilhar os ensinamentos vindos dessa parábola e não a semente de tâmara, gergelim, uva ou romã, por exemplo. É curioso, inclusive, pelo fato de a mostarda nem sequer ser uma das sete primícias do povo de Israel.

Quando falamos, no capítulo anterior, sobre a "Parábola do Joio e do Trigo", Jesus mencionou que, apesar de essas duas espécies serem diferentes, o senhor da terra não permitiu que o joio fosse arrancado assim que foi descoberto. Para o comportamento do dono da terra, Jesus se fundamentou na *Mishná Kilaim* (משנה כלאים), uma explicação mais detalhada de *Levítico*, capítulo 19, versículo 19, que fala das proibições.

No que se refere a um desses ensinamentos, por exemplo, é proibido, como mencionamos anteriormente, atrelar dois animais de espécies distintas, digamos que um jumento e um cavalo, para puxarem a mesma carroça. Compreendemos essa diretriz, pois sabemos que o cavalo caminha mais rápido que o jumento, possuem diferentes tamanhos e assim por diante. Da mesma forma, é por isso que o judaísmo entende que é proibido plantar, em um mesmo campo, duas espécies de plantas, pois elas concorrerão de maneira desigual pelos recursos do entorno e, assim, uma pode prejudicar a outra.

A *Mishná*, como já comentamos, é a tradição do povo judeu e foi compilada e escrita no final do século primeiro, portanto, ao tempo de Jesus, sua forma de comunicação ainda era oral. Sua forma escrita não traz nenhum conhecimento novo ao povo de Israel, pois ela apenas organiza aquilo que é discutido no *Talmud*. Jesus, em sua intelectualidade irrestrita, tinha pleno conhecimento sobre esses assuntos, assim como os grandes mestres da *Torá*.

Uma evidência da consciência de Jesus é o fato de que Ele usou primeiramente o joio e o trigo como exemplo, e estes estão presentes no capítulo 1 da *Mishná*. Logo em seguida, recorreu à semente de mostarda, que, não por casualidade, se encontra no capítulo 2, quando se fala da semente da mostarda e do cártamo.

O capítulo 2 da *Mishná Kilaim* diz justamente que não devemos plantar um campo de trigo junto a outro de mostarda. À primeira vista, pode parecer que isso não faz muita diferença, mas, quando falamos desse assunto com judeus, observamos outra compreensão.

O judeu tem o hábito de questionar, pois, no judaísmo, a arte de questionar é vista como sinal de sabedoria. E, se refletirmos sobre isso, percebemos que saber questionar – assim como fez Allan Kardec ao questionar os Espíritos – é um ato de sabedoria.

Já explicava Jean-Jacques Rousseau, que a arte de questionar é a arte dos sábios, pois apenas eles sabem formular as perguntas corretas.

E encontramos aqui uma parábola falando de trigo, e a seguinte falando de mostarda. Então, aproveitando a arte de questionar, perguntamos: por que Jesus está falando de duas sementes diferentes dentro do mesmo sermão se elas não devem estar juntas?

A atitude de Jesus é muito inteligível: Ele sai do assunto "joio e trigo" e entra no do "grão de mostarda", seguindo exatamente a ordem da *Mishná*. Isso se torna óbvio quando ressaltamos que o Mestre vivia entre judeus e, naquele momento, era para eles que Ele falava.

A escolha da semente facilitava a compreensão daqueles que O ouviam. Para eles, essa era uma passagem amena e fácil de rememorar. Levando em conta todo o contexto judaico que está por trás dessa parábola, encontramos pessoas cheias de vontade de estudá-la, procurando fazer uma exegese racional. Porém, acabam não chegando a nenhuma conclusão sobre esta escolha.

Mas então há alguma condição para que duas plantações distintas – dois tipos de sementes – possam coexistir lado a lado? Bem, podemos criar essas condições. Construir barreiras em torno delas é uma alternativa eficaz.

Um exemplo muito comum são os muros feitos de pedra e, sobre isso, a *Mishná* também é muito específica: não há necessidade de que as pedras sejam perfeitas, parelhas ou simétricas. Basta que se faça um muro de pedras amontoadas, de qualquer jeito, ao redor da plantação.

Então, saímos em busca dessas pedras. E onde as encontramos? No nosso próprio campo! O campo onde plantaremos nosso trigo e nossa mostarda.

E quanto ao nosso campo – ele poderá ficar dividido? De certa forma, essa seria uma maneira de isolar um espinheiro do resto da terra fértil, protegendo-a das intempéries. Se lembrarmos da primeira parábola estudada neste livro, a "Parábola do Semeador", veremos que três elementos prejudicaram a germinação das primeiras sementes: as aves, as pedras e os espinhos. Isso significa que, ao retirarmos as pedras do nosso campo – afinal, precisaremos delas para construir muros –, estaremos também limpando nosso terreno. Com isso, praticamos a *teshuvá*, o retorno a Deus. Além disso, ao remover do campo o que dificulta a semeadura, tornaremos o solo mais fértil.

Seguindo essa lógica, se podemos utilizar as pedras do campo para construirmos nossos muros de proteção, também podemos encontrar um propósito para nossos espinhos. Para contextualizar, Israel tem uma cultura que restringe severamente o corte de árvores – hoje, no século XXI, é o único país do mundo onde mais árvores são plantadas do que arrancadas. Lá, o corte de árvores só ocorre em casos de extremíssima necessidade.

Porém, quando o assunto é espinheiro, essa regra não se aplica. E, no nosso campo, pode a mesma coisa. Podemos cortá-los, sim, para usá-los em construção de barreiras.

Transformar os elementos que nos atrapalham em ferramentas a favor do nosso campo é uma forma de converter a energia que estava sendo canalizada para ações destrutivas – que levavam a tropeços espirituais – em aspectos de servidão. Esse processo permite que o campo do nosso coração esteja aberto para o Reino dos Céus.

Vejamos o exemplo de Paulo, quando ainda era Saulo, e de Públio Lentulus. Eles tinham o campo de seus corações repleto de espinhos, pedras e aves. Porém, essas adversidades foram convertidas em oportunidades de trabalho para o bem. Quando construíram muros em torno de suas máculas, consentiram que o Reino dos Céus frutificasse em seus corações.

É fantástico perceber a intencionalidade da sequência das palavras de Jesus. Nesse encadeamento de ideias, identificamos a crescente importância do preparo do nosso campo para recebermos a boa semente. Quando Jesus diz: "é semelhante a um grão de mostarda que um homem tomou e semeou no seu campo", o campo em questão já estava limpo e apropriado.

E esse homem, esse campo e essa semente também tinham um significado de fácil compreensão para escribas, fariseus e saduceus. Naqueles dias, os agricultores tinham que questionar os doutores da lei, escribas e rabinos sobre como plantar em seu campo e sobre o que a lei permitia, já que um plantio feito de forma errada resultava em uma colheita que não poderia ser consumida.

A mensagem de Jesus era clara e direta para os que o ouviam. No entanto, hoje precisamos estudar as parábolas mais profundamente e garimpar conceitos, para que as verdadeiras pepitas que Jesus nos deixou de herança possam ser extraídas.

Como vimos, a escolha da semente de mostarda para essa parábola tem como origem a ordem dos ensinamentos da *Mishná*. Contudo, a relevância dessa semente vai muito além, já que ela pode ser relacionada a vários outros elementos importantes da cultura judaica e que estão contidos no contexto histórico, social e cultural, como veremos.

Para contextualizar, começaremos falando de uma das celebrações mais importantes do calendário judaico: o *Pessach*, a Páscoa judaica.

Quando mencionamos essa data, estamos falando de quando o povo de Israel se libertou do Egito. A escravidão no Egito é um símbolo, como sabemos, da escravidão do espírito. Nós nos tornamos escravos das nossas paixões, dos nossos vícios morais e físicos. E, como escravos, queremos ser livres, pois a escravidão nos traz dores, consequências nefastas ao espírito.

Allan Kardec fala no livro *O céu e o inferno*,[37] que quem tem menos imperfeições é mais feliz, ou seja, quanto mais escravizarmos nosso espírito, mais sentiremos essas amarguras.

37. Allan Kardec, *O céu e o inferno*, Mundo Maior, primeira parte, cap. VII, seção "Código penal da vida futura".

O *Seder de Pessach*, celebração na qual Jesus compartilhou a Última Ceia com Seus apóstolos, é celebrado em torno de uma mesa na companhia daqueles que nos são mais próximos, como familiares e amigos. Nessa ocasião, são servidos alimentos e bebidas tradicionais, mas, acima de tudo, cada elemento carrega consigo um significado. Entre eles estão o *matzá*, o pão ázimo, cujo significado é explorado na "Parábola do Fermento"; o *Karpás*, ritual no qual uma verdura é mergulhada em água com sal, representando as lágrimas derramadas pelos antepassados escravizados no Egito; o *Charosset*, uma pasta marrom que lembra o barro com o qual os israelitas construíam as cidades egípcias; o *maror*, uma erva amarga que representa a amargura da escravidão etc.

Muitas foram as consequências para o povo liberto da escravidão, e até hoje elas são lembradas. Assim ocorre conosco: toda vez que escravizamos nosso espírito, que semeamos ervas daninhas, inevitavelmente colhemos suas desventuras.

Colheremos as amarguras dos nossos vícios morais, e isso não é castigo de Deus, mas a consequência direta do mau uso do nosso livre-arbítrio.

A partir dessas más escolhas e de seus frutos amargos, chegamos à primeira bem-aventurança: bem-aventurados os pobres de espírito. Segundo o profeta Isaías, os pobres de espírito são aqueles que têm seu coração acabado em dores. Quando reconhecemos as ilusões do mundo material, tornamo-nos contritos e começamos a caminhar na direção da humildade. E eis a segunda bem-aventurança: bem-aventurados os aflitos.

Segundo a tradição do povo de Israel, a prece sincera é atendida imediatamente, e o salmista Davi conta que, quando nossos corações estão aflitos, clamamos a Deus, e, quando a prece é sincera, ela não fica sem resposta. É por isso que o povo judeu ficou 430 anos escravizado no Egito. Ele já era contrito, mas não aflito, e, quando se tornou aflito, clamou, e Deus enviou Moisés para libertá-lo. Naquele momento, os corações daquele povo estavam prontos para receber a mensagem do profeta e aprender sobre a mansuetude.

Como consequência de todas essas circunstâncias, a semente de mostarda também é usada para nos lembrar as amarguras que surgem quando fazemos escolhas equivocadas. Ela é amarga e chama atenção por ser pequena, e até vista como insignificante, mas dela cresce um vegetal que se torna um arbusto frondoso e frutífero, de gloriosa serventia. É o próprio Cristo que nasce dela, metaforicamente, trazendo uma mensagem que inicialmente era vista como pequenininha, desacreditada, desrespeitada e sem importância pela autarquia. No entanto, essa mensagem contém o gérmen da verdade, do fruto que a humanidade necessita até hoje.

E as referências a essa pequena semente não param aí. Outra curiosidade envolvendo esse grão aparece no *Talmud*, ao narrar que as mulheres, muito severas consigo mesmas, consideravam-se impuras por sete dias, caso apresentassem um sangramento "tão pequeno quanto uma semente de mostarda". É uma severidade enorme para algo de tamanho tão reduzido. Esse comportamento está diretamente ligado aos ensinos da época.

Até o ano 10 d.C., encontrávamos duas grandes escolas em Israel. Uma delas era *Beit Hilel*, a casa de Hilel, um grande rabino que desencarnou naquele ano – apresentado como Ministro das Relações Sociológicas do nosso orbe no livro *Brasil, coração do mundo, pátria do Evangelho*[38] – e que preparou o povo de Israel para encontrar bondade e amorosidade perante a lei. Portanto, a escola de Hilel ensinava a benevolência. Já a outra escola, *Beit Shammai*, ensinava a severidade. Para se ter uma ideia, são mais de 300 discordâncias entre *Beit Hilel* e *Beit Shammai* sobre o *Talmud*. Elas influenciavam as reflexões dos estudiosos da época e causavam debates quanto às práticas sociais.

Na presente parábola, Jesus também agrega uma mensagem que traz à luz essas divergências. É como se estivesse dizendo: "não seja tão severo como *Beit Shammai*, semeie a benevolência como *Beit Hilel*", pois, se semearmos só um pouquinho de amor, do tamanho de uma semente de mostarda, já teremos começado a transformação do nosso caráter, que culminará na grande transformação do Espírito. Então, com uma semente de mostarda já estaremos mais próximos de adentrarmos o Reino dos Céus.

Conta o *midrash* que Abraão, quando recebeu aqueles três Espíritos – ou anjos – nas planícies de Mambré, mandou abater três bezerros tenros. Por ser a carne mais nobre do Oriente médio, ele serviu, a cada um dos

---

38. Francisco Cândido Xavier, Espírito Humberto de Campos, *Brasil, coração do mundo, pátria do Evangelho*, FEB.

visitantes, a língua de um dos bezerros. Pois adivinhem com o que essa carne estava temperada? Exatamente, com sementes de mostarda!

O *Talmud* nos diz que essas sementes são azedas, mas que, quando colocamos um pouco de açúcar no preparo de seu molho, elas se tornam o melhor de todos os temperos. Com isso, aprendemos que o melhor de tudo não é, necessariamente, grandioso para a matéria. Uma atitude pode ser pequena do ponto de vista material, mas grandiosa aos olhos do espírito.

Também narra o *midrash* que Adam e Chava – Adão e Eva – comiam carne temperada com *zarei hardal*, semente de mostarda. Obviamente, é uma simbologia, não de um relato literal. No entanto, o ponto central é que a importância dessa hortaliça pode passar despercebida, mas não para o povo de Israel, pois se trata de um símbolo grandioso e repetidamente mencionado.

Eis aí o sentido e o motivo pelos quais Jesus se referiu à semente de mostarda como sendo a menor de todas, da qual cresce a maior das hortaliças. Do ponto de vista material, sabemos que essa descrição não corresponde à realidade. No entanto, a hipérbole usada por Jesus é um recurso elucidativo poderoso – um exagero intencional que ressalta a força da expressão contida nesta parábola.

A mostarda era corriqueira e importante, algo amplamente conhecido. Sua semente, apesar de pequena, era largamente utilizada, tanto na culinária quanto nas cerimônias sagradas. Não é uma planta grande em tamanho, mas em sua magnitude. Quem não conhece seu potencial, não percebe sua relevância para esse povo. E Jesus, nosso governador planetário, conhecia as características dessa espécie perfeitamente, pois nem o conhecimento do maior dos botânicos da Terra pode ser comparado ao do Cristo. O Mestre estava fazendo uma caricatura da situação, o que nos leva a refletir e, até, a sorrir pelo exagero.

Em *Deuteronômio*, 7:6-8 está escrito que a nação de Israel é sagrada e que levaria um *segulá* (tesouro) para a humanidade, alcançando todas as nações da Terra e transformando o futuro. Isso não aconteceria por serem numerosos, muito pelo contrário. Eles eram o menor dos povos, mas justamente esse povo seria o responsável por mudar o destino da humanidade com a encarnação de Jesus, o verdadeiro *segulá*. O projeto de redenção da humanidade começa no povo de Israel: a "menor das sementes", o menor dos povos. Mas justamente o "menor dos povos" recebeu uma missão grandiosa, como "a maior das hortaliças", como uma grande árvore.

A árvore também tem uma simbologia importante aqui. A primeira mencionada na história é a Árvore do Conhecimento do Bem e do Mal, no Jardim do Éden. Quando Deus criou o Paraíso, permitiu que Adão e Eva se alimentassem de todos os frutos que davam boa semente, um ensinamento que se entenderia para a eternidade.

Então, veio a serpente, que simboliza a consciência messiânica em nossas vidas, oferecendo o fruto "proibido" e, com ele, o discernimento entre o certo e o errado.

Uma mudança transcendente que surgiu de uma árvore e que, consequentemente, veio de uma semente.

Estamos falando de árvores cujas sementes foram plantadas em um campo fértil, já preparado, e que foram muito cuidadas para que frutificassem e crescessem, ao ponto de abrigarem as aves do nosso campo íntimo.

Outra árvore que fundamenta a importância desse símbolo é a descrita em *Daniel*, 4. Esse capítulo conta que o rei Nabucodonosor teve um sonho em que uma árvore gigantesca era vista de todo o mundo. Várias aves e animais do campo se abrigavam nela e se multiplicavam, alimentando-se dela, quando um anjo desceu do céu e pediu que a árvore fosse cortada e que suas raízes fossem amarradas com grilhões de bronze. Nabucodonosor não sabia o que isso significava, assim como ninguém na Babilônia. Então, ele chamou Daniel para ajudá-lo na interpretação, e ele lhe disse que a árvore representava o reinado da Babilônia, o maior de todos os reinados materiais e, por isso, era "visto" de todo o mundo. Ele também viu que, se o rei continuasse se nutrindo apenas do que era material, se alimentaria como um boi e teria penas e garras como uma águia. Ou seja, ele se transformaria em uma besta.

A descrição de Daniel referia-se a algo facilmente explicado pelo espiritismo, que nada mais é do que um processo obsessivo. Enquanto o rei se "expandia" aos olhos dos homens, acumulando fortuna e honra, ao mesmo tempo criava uma afinidade fluídica digna de um processo obsessivo. Sua obsessão era pela subjugação. Por isso os símbolos animais e o comportamento bestial. Afinal, o que esperar de alguém que alimentou sua própria animalidade íntima?

A águia era também o símbolo militar do Império Romano. Quando lemos sobre os reinados do Egito, da Síria (como descritos no capítulo 31 de *Ezequiel*) ou sobre o Império Romano, encontramos exemplos de reinados grandiosos e maravilhosos, mas todos estritamente materiais.

No livro *Há dois mil anos*,[39] em um diálogo com Públio Lentulus, Jesus fala que seu reinado não passaria de um reinado miserável e que, num piscar de olhos, tudo se tornaria cinzas. E é o próprio Emmanuel que corrobora: diz ele que tudo que há no mundo ou está morto ou está morrendo; eternos são os passos que damos em direção a Deus e Sua vontade.

39. Francisco Cândido Xavier, Espírito Emmanuel, *Há dois mil anos*, FEB, cap. V.

3. Reflexões Finais

A "Parábola do Grão de Mostarda" claramente se conecta às parábolas que a antecedem, complementando o raciocínio sabiamente construído por Jesus.

Deus, o Reino dos Céus e Sua grandeza não cabem em ideias engessadas nem podem ser explicados por uma materialidade infinitamente menor que o próprio Criador. A compreensão desse Reino provém de uma reforma pessoal e intransferível, que ocorre no coração de cada um de nós. Esse é o único caminho por onde conseguimos efetivamente chegar a Deus.

Quando praticamos a caridade, seja para com o próximo ou para conosco mesmos, estamos manifestando a presença do Senhor, por intermédio daquilo que foi trabalhado no nosso espírito – quem sabe, por milênios.

O Reino dos Céus, que começa desenhado pelo rei Davi, não apresenta condição nenhuma de se manifestar com plenitude na matéria. Nem mesmo a ciência de hoje é capaz disso, já que caminha em direção ao entendimento de que a matéria não existe, pelo menos não como imaginávamos que existia. Esse Reino é espiritual.

Jesus, o governador do nosso orbe, tinha plena consciência do que dizia ao nos mostrar o caminho para esse Reino. Cada palavra, verbo e espécie escolhidos eram perfeitos para que Sua mensagem fosse compreendida por aquele povo e para que pudesse perdurar e atravessar todos os tempos e todas as nações.

Por isso, Ele usa as sementes na mesma ordem da *Mishná*. Por isso, Ele usa elementos simples da natureza, comuns entre os homens, e que mantinham seu significado, conectando pontos de ensinos.

As pedras cercam espinheiros para que as plantas se desenvolvam e abriguem os pássaros. É simples, porém grandioso. Os mesmos elementos dançam entre as parábolas, que se costuram e tecem o sentido que enfeitará a eternidade.

Por isso, uma semente azeda e amarga, apesar de pequena: para nos lembrar das amarguras do espírito, da nossa escravidão espiritual. Mas também para nos lembrar de que, com arrependimento, podemos voltar atrás e "retemperá-la", agora com mais sabedoria.

Jesus escolhe o pequeno grão por ele representar, metaforicamente, uma grande árvore, capaz de acolher em seus galhos todas as nações e todas as criaturas do planeta, como explica *Ezequiel*, que é a raiz da parábola contada por Jesus:

> 5Por isso seu porte era mais elevado do que o de todas as árvores do campo, seus ramos se multiplicaram, seus galhos se alongaram, por causa das águas abundantes que lhe davam crescimento. 6Em seus ramos faziam ninho todas as aves do céu, sob os seus galhos todos os animais do campo tinham suas crias, à sua sombra sentavam-se pessoas de nações variadas. (*Ezequiel*, 31:5-6)

Com certeza, Jesus quis dizer que essa hortaliça era como a árvore de *Ezequiel*. Assim, nosso Mestre difunde uma pequena semente capaz de transformar-se em uma grande hortaliça (não em tamanho, como sabemos, mas em valor), que abrigará até as aves, que foram responsáveis pelo prejuízo de 25% da semeadura do semeador. Em outras palavras, o Reino dos Céus não é privilégio de alguns, pois, como o Mestre dos mestres disse, "não se perderá nenhuma das ovelhas que o Pai me confiou".

Com essa parábola, entendemos a relevância que pode ter um pequeno grão, o valor daquilo que é pequeno materialmente, mas que tem em si um potencial gigantesco de frutificar e multiplicar-se, fazendo com que o campo do nosso espírito se torne farto da presença divina.

O Reino dos Céus é acolhedor; acolhe todos, indistintamente.

Em nosso reinado íntimo, ainda há aves que se alimentam das boas sementes e que representam a nossa animalidade; ainda há muitas pedras e espinhos; ainda há muito trabalho em nosso campo. Todavia, Jesus nos traz uma mensagem clara e consoladora: o verdadeiro Reino dos Céus se estabelece em nós quando nos tornamos tão pequeninos quanto o grão de mostarda e temos a pureza e a humildade em nossos corações, a fim de servirmos ao próximo. Assim, seremos grandiosos aos olhos de Deus. ★

Capítulo 4

PARÁBOLAS “DO TESOURO E DA PÉROLA”, “DA REDE” E “DO PAI DE FAMÍLIA”

"PARÁBOLA DO TESOURO E DA PÉROLA"
44*O Reino dos Céus é semelhante ao tesouro*
escondido num campo; um homem o acha
e torna a esconder e, na sua alegria, vai, vende
tudo o que possui e compra aquele campo.
45*O Reino dos Céus é ainda semelhante ao*
negociante que anda em busca de pérolas
finas. 46*Ao achar uma pérola de grande valor,*
vai, vende tudo o que possui e a compra.
MATEUS, 13:44–46

"PARÁBOLA DA REDE"
47*O Reino dos Céus é ainda semelhante à rede*
lançada ao mar, que apanha de tudo. 48*Quando*
está cheia, puxam-na para a praia e, sentados,
juntam o que é bom em vasilhas, mas o que
não presta, deitam fora. 49*Assim será no*
fim do mundo: virão os anjos e separarão os
maus dos justos 50*e os lançarão na fornalha*
ardente. Ali haverá choro e ranger de dentes.
MATEUS, 13:47–50

"PARÁBOLA DO PAI DE FAMÍLIA"
51*"Entendestes todas essas coisas?"*
Responderam-lhe: "Sim". 52*Então lhes disse: "Por*
isso, todo escriba que se tornou discípulo do
Reino dos Céus é semelhante ao pai de família
que do seu tesouro tira coisas novas e velhas."
MATEUS, 13:51–52

4

1. Introdução

NESTE CAPÍTULO, APRESENTAREMOS OS VERSÍCULOS 44 a 52, capítulo 13, do *Evangelho de Mateus*, que concluirão a análise das parábolas do Reino.

Para começar, relembramos que esse capítulo do *Evangelho de Mateus* é muito conhecido pelas estruturas e divisões dos teólogos e possui sermões em que Jesus compõe um conjunto de parábolas, que se passam em torno do Reino de Deus. Dessa vez, discutiremos quatro parábolas: a do tesouro, a da pérola, a da rede e a do pai de família.

A análise dessas passagens será o ponto culminante deste estudo, pois as histórias sobre tesouro – e as histórias de tesouros escondidos no campo – sempre estimularam a imaginação de gerações, atraindo a atenções de todas as idades.

O encanto por esse tema não é recente. Desde crianças, acostumamo-nos a assistir a grandes produções cinematográficas cuja fantasia é criada em torno de um tesouro. Há personagens como Indiana Jones, além de inúmeras histórias de tesouros de piratas escondidos, entre outras. Além do cinema, o tesouro está presente nos livros e nos jogos (o jogo de caça ao tesouro, por exemplo, cria uma espécie de misticismo sedutor no que concerne ao conceito do tesouro, pois ele é uma coisa boa a ser encontrada).

Para aqueles que o veem somente do ponto de vista material, o melhor do tesouro é que ele somente dá lucro, traz alegria e não custa nada para aquele que o encontra. Portanto, ele surge na vida das pessoas como se elas tivessem ganhado na loteria.

Em algumas regiões do interior do Brasil, fala-se muito de "botija", que é um vasilhame semelhante a uma ânfora de barro. Antigamente, quando ainda não havia bancos, a botija era usada para armazenar objetos muito valiosos em uma tentativa de dificultar seu roubo. Uma vez colocado o tesouro na botija, esse recipiente era enterrado. O curioso é que muitos morriam sem resgatar seu tesouro depois de enterrá-lo.

Há diversas histórias relacionadas a pessoas que encontraram tesouros enterrados dentro dessas botijas e usufruíram do dinheiro ou dos objetos que estavam guardados dentro delas.

As histórias dos tesouros escondidos no campo não são diferentes e despertaram o imaginário coletivo desde a época de sua criação.

Percebemos, mais uma vez, o quão perspicaz Jesus foi em suas palavras. Ele compara esse tesouro – que, além de envolver mistério, desperta curiosidade e anseio em toda a humanidade que sente a necessidade de encontrá-lo – ao Reino dos Céus, como será visto em seguida.

Como grande contador de histórias, Jesus se aproveitou desse mistério com grande propriedade. Além disso, Israel, por ser antigo, é um país que relata muitas histórias de tesouros, onde a arqueologia desempenha um papel muito importante.

Em Jerusalém, ainda nos tempos de hoje, existem moradores que escavam os próprios quintais, pois podem encontrar ali moedas do tempo do Império Bizantino. O que existe naquela cidade em termos de tesouros arqueológicos é muito impressionante – ainda que a legitimidade de sua posse seja outro tema a ser discutido.

Constrói-se, assim, a ideia de que qualquer pessoa pode encontrar um tesouro desses – às vezes até mesmo no próprio quintal.

Jesus sempre usou a palavra "tesouro" para se referir aos dois tipos de tesouros que se pode ter: o material e o espiritual. Identificamos os dois lados dessa moeda em sua interação com o moço rico, que argumenta: "Eu já faço tudo o que é preciso fazer para ganhar a vida eterna pelos Seus ensinamentos de 'Não matarás', 'Não roubarás'. Eu já cumpro todos os ensinamentos da Torá." E por fim pergunta ao Mestre: "Que me falta ainda?" (*Mateus*, 19:20). A essa questão, Jesus responde:

> 21[...] Se queres ser perfeito, vai, vende o que possuis e dá aos pobres, e terás um tesouro nos céus. Depois, vem e segue-me. (*Mateus*, 19:21)

Com isso, Jesus demonstra que o sucesso resultaria da renúncia ao tesouro material que o moço rico possuía para que pudesse alcançar o tesouro espiritual. Jesus também sempre dizia:

> 19Não ajunteis para vós tesouros na terra, onde a traça e o caruncho os corroem e onde os ladrões arrombam e roubam [...] (*Mateus*, 6:19)

Como vemos, a analogia com o tesouro já estava presente no *Evangelho*, e o Mestre sempre a usava em suas palavras.

Há uma história verídica e muito inspiradora de um senhor que vive na Capadócia, Turquia. Apesar de ser deficiente físico, pois não possui um dos braços, ele adquiriu uma gleba, onde pretendia plantar hortaliças, verduras, legumes e frutas. Enquanto arava o terreno para iniciar o cultivo, o instrumento que usava bateu em uma espécie de parede. Isso chamou sua atenção e, quando começou a escavar a terra, não encontrou um tesouro do tipo que se está acostumado a encontrar: para sua surpresa, ele encontrou uma cidade subterrânea!

Em vez de cultivar o campo, como havia planejado, o homem decidiu explorar turisticamente o tesouro que encontrara. Hoje, o local apresenta barracas de suvenires para turistas, e, a cada vez que voltamos àquele lugar, há sempre novas construções descobertas, evidenciando o crescimento do destino turístico.

Esse homem se tornou muito rico com sua descoberta, embora a pessoa que lhe vendeu o terreno possa estar muito triste por não ter ela mesma encontrado essa cidade subterrânea.

É por meio de histórias reais como essa, que podemos compreender como Jesus soube utilizar o misticismo e a curiosidade em torno desse tema com muita didática. Essa compreensão aguça o entendimento das parábolas do tesouro escondido e da pérola de grande valor, da rede e do pai de família.

Aqui no Brasil, também encontramos histórias fantásticas que remetem à imagem de tesouro construída por Jesus. Em São João del-Rei, Minas Gerais, uma criança brincava em seu quintal, atirando pedras. Uma delas acertou um monte, provocando o desmoronamento de uma parede inteira, revelando ali, uma mina de ouro.

Retornando ao tempo de Jesus – ou até mesmo um pouco antes disso – podemos dizer que casos como esse eram muito mais comuns.

Na época de Jesus, o povo de Israel vivia sob o domínio do Império Romano.

No primeiro capítulo do livro *Paulo e Estêvão*,[40] tomamos conhecimento de como a sorte e o futuro eram muito incertos naquele tempo. Um exemplo é a narrativa da cena em que Jochedeb se dirigia ao mercado, quando recebeu uma notícia que daria continuidade à destruição do patrimônio de sua família. O livro conta que, naquele momento, ele já havia perdido sua esposa em função das perseguições e de todo o martírio que os romanos provocavam, e, por essa razão, sua sorte era incerta.

Em Cafarnaum, naquela época, judeus e galileus recebiam altíssimas cobranças de impostos, valores muito maiores do que realmente deviam. Um morador poderia ser visitado por soldados romanos, ou ser preso por estar no lugar errado na hora errada, ou simplesmente por não cumprimentar (ou até mesmo por cumprimentar) um soldado romano – como é retratado no livro –, pois esses desfechos poderiam variar de acordo com o humor

40. Francisco Cândido Xavier, Espírito Emmanuel, *Paulo e Estêvão*, FEB.

do soldado que o cidadão encontrasse. Ou seja, seus habitantes não possuíam uma garantia de que seus bens estariam assegurados.

A melhor forma de guardarem seus bens era enterrando-os, pois, caso fossem presos, poderiam reaver seu tesouro, desenterrando-o assim que deixassem a cadeia. Dessa maneira, se o cidadão fosse visitado por soldados, publicanos ou qualquer outra pessoa que pudesse aparecer em sua casa, ele estaria protegendo aquilo que era seu.

Era um tempo em que não havia garantia de que os bens estariam assegurados. A melhor forma de protegê-los seria, realmente, enterrando-os.

Historicamente, encontramos na obra do historiador judeu-romano Flávio Josefo – ao narrar as guerras enfrentadas pelo povo judeu na época – o relato de como, em cidades invadidas, os romanos frequentemente encontravam riquezas por meio da tortura de prisioneiros judeus. Após muito sofrimento, muitos revelavam o local onde haviam enterrado suas riquezas.

Para compreendermos como esses tesouros podem mudar a história da humanidade, é também interessante mencionarmos um acontecimento do final da década de 1940.

Certo dia, dois pastores que conduziam suas ovelhas, em uma região próxima ao Mar Morto, lançaram uma pedra em uma caverna situada à beira de um despenhadeiro. Ao fazerem isso, ouviram um som semelhante ao de um pote de barro sendo quebrado. Intrigados, decidiram explorar a caverna para descobrir o que havia lá.

Encontraram, então, um achado arqueológico extraordinário: nada menos que os manuscritos do Mar Morto – um tesouro histórico que mudaria a concepção e o entendimento do judaísmo.

Nos manuscritos, foram encontrados inúmeros papiros e pergaminhos (alguns em partes, outros completos), e uma versão do *Antigo testamento*, ainda mais antiga que a lida nos dias de hoje pelo povo de Israel. Esse achado teve uma importância imprescindível para que se pudesse também ter uma melhor compreensão sobre os essênios.

Vejam só: trata-se de um tesouro encontrado no barro – um tesouro que pode ser considerado um dos maiores, uma vez que abre caminhos para a compreensão da fé.

Outro achado arqueológico importante que destacamos é o de Nag Hammadi, no Egito. Essa também foi uma descoberta de escritos do *Evangelho*, do *Antigo testamento* em grego, que foram redigidos e preservados no primeiro século, mas só vieram à luz quase dois mil anos depois.

Se esses tesouros do Oriente Médio fazem parte da realidade atual, podemos imaginar o quanto estavam presentes nos dias de Jesus enquanto Ele proferia Suas parábolas. Afinal, escondê-los era uma prática comum entre o povo para se defender da insegurança e dos males causados pela força do Império Romano.

Antes de prosseguirmos para a análise dos versículos, ainda consideramos necessário destacar a importância – ou o valor – que o homem colocava no conceito de tesouro: não era somente a soma de bens, como ouro e joias enterrados, pois havia outros aspectos significativos.

Em *Jeremias*, 41 há uma história que retrata bem esses outros aspectos: Ismael, filho de Netanias e de Elisama, descendente da linhagem real, foi ao encontro de Gedalias, filho de Aicão e neto de Safã, acompanhado dos grandes do reino e de mais dez homens. Com seus companheiros, Ismael assassinou Gedalias – aquele que havia sido nomeado governador daquela terra por Nabucodonosor, rei da Babilônia. Ismael também matou todos os judeus que estavam com Gedalias em Mispa, assim como os caldeus que lá se encontravam. Mais à frente no capítulo 41, há o seguinte trecho:

> 6[...] Quando os alcançou, disse-lhes: "Vinde aonde está Gedalias, filho de Aicão". 7Mas quando entraram no meio da cidade, Ismael, filho de Netanias, estrangulou-os, ele e os homens que estavam com ele, e ordenou que os atirassem no fundo de uma cisterna. 8Havia, contudo, entre esses homens, dez que disseram a Ismael: "Não nos mates, pois temos no campo provisões escondidas, trigo, cevada, azeite e mel". [...] (*Jeremias*, 41:6-8)

É significativo enfatizarmos que os artigos escondidos no campo pelos personagens da parábola eram trigo, cevada, azeite e mel, pois enterrar algumas das primícias era um costume do povo. As primícias eram consideradas de grande importância, por isso, os judeus as enterravam para escondê-las das perseguições humanas que ocorriam. Esse costume continuou mesmo após Jesus, como constatamos nos achados do Mar Morto e de Nag Hammadi, no Egito.

No Mar Morto foram achadas praticamente todas as cópias dos livros da primeira revelação. Somente não foram encontrados o livro de *Ester* e um outro documento; todo o restante foi encontrado, inclusive vários livros de um mesmo tipo – vários documentos dirigentes, cópias de Isaías e, assim, sucessivamente.

No Egito, foi encontrada a maioria das obras apócrifas do *Novo testamento*, incluindo o *Evangelho de Tomé* e o *Evangelho de Judas*. Nesses textos, dispomos de dois tesouros distintos, mas que são muito mais valiosos do que qualquer tesouro material. Afinal, nesses escritos foram preservadas grandes heranças: a herança dos essênios, revelada nos manuscritos do Mar Morto, e a herança de Nag Hammadi no Egito.

Esses tesouros são provas de que era costume não somente enterrar ouro, mas tudo o que tinha real valor, como as primícias (*Jeremias*, 41:8) e os escritos. Qualquer pessoa que leia esse capítulo de *Jeremias* entenderá que a razão para aqueles homens não terem sido mortos por Ismael foi porque eles lhe revelaram aquilo que lhe interessava: o local onde as primícias estavam enterradas.

Com base nesta introdução, no conceito de tesouro existente desde a época de Jesus e no contexto dessas parábolas, podemos dar início à análise dos versículos. Esse conhecimento prévio permite que consigamos compreender melhor o que Jesus quis dizer quando utilizou esse tema.

2.1. Análise da "Parábola do Tesouro e da Pérola"

No *Evangelho de Mateus*, capítulo 13, versículo 44, há uma parábola que também é encontrada no *Evangelho apócrifo de Tomé* – embora ele seja chamado de Tomás por alguns, seu nome é Tomé, "aquele que pediu para colocar o dedo na chaga do Cristo". Este último é considerado o quinto *Evangelho* e, apesar de ser considerado apócrifo, ele possui tantos ensinamentos, que chega até a ser considerado, por alguns estudiosos, superior aos canônicos.

Compreende 114 itens que falam de praticamente todos os assuntos. Portanto, é um *Evangelho* muito rico que, inclusive, esclarece a polêmica sobre quem sucedeu a Jesus.

Como sabemos, Pedro não foi o primeiro Papa, mas poderia ter sido o sucessor de Jesus? Quando lemos o *Evangelho apócrifo de Tomé*, do item 11 ao 14, encontramos seguidores de Cristo perguntando: "Mestre, quando não estiveres mais aqui, a quem seguiremos?" Jesus, então, lhes respondeu: "Quando eu não estiver mais aqui, ide a Tiago, o Justo, para quem os céus e a Terra foram criados".

Como vemos, esse versículo aponta que Tiago, o justo, irmão de Jesus, foi Seu verdadeiro sucessor. Ele dirigiu a comunidade de Jerusalém no cristianismo primitivo por aproximadamente 32 anos.

Na análise deste capítulo, usaremos, além das interpretações judaico-cristãs e doutrinárias, algumas das palavras presentes nos apócrifos. Apesar de o *Evangelho apócrifo* ser diferente, ele foi muito estudado e contribuirá na busca da compreensão da herança espiritual que Jesus deixou. Além disso, ele é útil por abordar a discussão de parábolas por meio de outras perspectivas e, por isso, alguns de seus versículos serão utilizados para auxiliar nossa compreensão.

2.1.1. "O Reino dos Céus é semelhante ao tesouro escondido num campo; um homem o acha e torna a esconder e, na sua alegria, vai, vende tudo o que possui e compra aquele campo." (*Mateus*, 13:44)

Para iniciarmos a reflexão sobre a "Parábola do Tesouro", vamos falar um pouco do contexto em que ocorreu a situação dessa passagem. Nela, alguém encontra um tesouro escondido em uma terra que não lhe pertence. Diante disso, decide ocultá-lo novamente para, em seguida, adquirir o campo. Naturalmente, não informa ao proprietário sobre a existência do tesouro e, portanto, ao comprar o campo, paga muito menos do que ele realmente vale, considerando o tesouro escondido nele.

A questão é: no tempo de Jesus, se uma situação dessas ocorresse e fosse analisada pelas lentes da lei judaica, seria possível afirmar que essa pessoa era desonesta, imoral ou estava cometendo algo ilegal? A resposta para essa pergunta está muito clara nesta lei, pois ela explica de forma detalhada a conduta esperada nessa condição.

Na lei judaica está escrito que, se uma pessoa encontrar um tesouro em um local público, e ele não apresentar nenhum sinal que identifique seu proprietário, esse achado (objeto, moeda, joia etc.) pertencerá à pessoa que o encontrou.

No entanto, se uma pessoa entra em um campo particular, escava-o e encontra ouro e diamantes - mesmo que estejam em sua forma bruta -, ao realizar essa escavação, essa pessoa já identifica o legítimo proprietário do tesouro, pois a terra tem dono, e tudo o que está dentro dela pertence ao proprietário.

Para melhor ilustrar essa lei, vamos considerar uma situação hipotética em que a lei judaica não se aplicaria da mesma forma. Imaginemos uma pessoa que se dirige a um fazendeiro, demonstra interesse em comprar uma de suas fazendas e pergunta a ele o valor pelo qual ele a venderia. O fazendeiro estabelece o preço de 100 mil reais pelas terras, e o interessado realiza a compra da fazenda por esse valor. Contudo, após a compra, o novo proprietário perfura um poço artesiano para irrigar seu campo, instala energia solar e realiza outras melhorias, transformando aquele terreno em uma mina de dinheiro.

O preço estabelecido pelo primeiro fazendeiro (ex-dono) refletia o valor que ele considerava justo, suficiente para que se sentisse feliz e satisfeito, de acordo com sua própria avaliação da terra.

Foi o comprador quem transformou a fazenda em algo muito mais valioso do que era antes.

O fazendeiro original pode, portanto, se perguntar: como pude vender essa propriedade por um preço tão baixo, se agora ela gera tanto lucro para seu proprietário atual?

Dessa maneira, a satisfação no momento da venda, segundo a avaliação de seu primeiro proprietário, fornece o discernimento, à luz da lei judaica, para compreendermos que, independentemente do que tenha sido encontrado no solo ou do que tenha sido feito após sua venda, a negociação ocorreu de maneira respeitável.

Da mesma forma, se chegássemos a Dubai nos anos 1940, em uma vila de pescadores, e revelássemos aos moradores a existência de petróleo, eles certamente cobrariam um valor altíssimo por suas terras e pelo petróleo sob elas.

No entanto, se isso ocorresse hoje em dia, o valor cobrado seria muito menor, visto que o petróleo tornou-se apenas uma das muitas riquezas de Dubai – atualmente, a cidade é também um grande centro comercial e turístico e, portanto, comporta riquezas que valem muito mais do que o próprio petróleo.

A avaliação de uma terra será sempre arbitrária, isto é, será estabelecida conforme o conhecimento daquele que está realizando a negociação.

Israel, em 1948, dispunha apenas de vegetação, pântano e deserto. Hoje, porém, é uma das nações que lança satélites ao espaço. Nada na história poderia ter previsto que aquela terra se tornaria tão valiosa quanto é hoje.

De acordo com a constituição brasileira e as normas do Departamento Nacional de Produção Minerária, caso alguém passe por uma fazenda que não lhe pertence e encontre alguma riqueza no solo, essa riqueza será considerada propriedade do dono da fazenda. Entretanto, o subsolo é de propriedade da União: se forem encontradas riquezas como ouro, diamante ou petróleo, quem as encontrou deverá requerer autorização de pesquisa, comprovar a viabilidade econômica do achado e, eventualmente, poderá obter uma portaria de lavra. Essa portaria lhe concederá o direito de explorar e comercializar a riqueza mineral, podendo lucrar futuramente com sua extração.

Assim, mesmo que a pessoa que fez a descoberta não seja proprietária da terra, se ela requerer a autorização de exploração, o direito de exploração do subsolo poderá ser concedido a ela, desde que se comprove que a atividade proposta é mais rentável ou de interesse público em relação ao uso atual da área.

Portanto, a legislação brasileira permite que a exploração mineral seja autorizada, mesmo contra a vontade do proprietário da terra, conferindo prioridade àquele que primeiro requerer a pesquisa e cumprir os requisitos legais.

Ainda assim, o proprietário da terra não perde seus direitos sobre a superfície, mantendo a propriedade do imóvel e tendo direito a uma participação nos resultados da lavra, conforme previsto na Constituição Federal.

A lei judaica, como vemos, é extremamente específica e, por meio dela, entendemos que a pessoa que reconhece o potencial da terra não está sendo desonesta. Ela pode encontrar um tesouro, saber da existência de água no subsolo ou identificar outras riquezas e manter esse conhecimento para si, pois se trata de sua descoberta. Assim, no momento da compra, o preço é justo, e ninguém poderia alegar que houve engano ao proprietário durante a negociação. Segundo a lei, é obrigação do proprietário da terra investigar e identificar quais riquezas ela possui. Dessa forma, se ele não tomou a iniciativa de verificar se havia petróleo ou outras riquezas, a responsabilidade pela falta de conhecimento sobre esses recursos recai sobre ele e não sobre a pessoa que fez a descoberta e, por isso, está comprando a propriedade.

O preço estabelecido foi aquele que o proprietário considerava justo, baseado no conhecimento que ele possui sobre a terra. Portanto, o comprador não foi desonesto, pois pagou o valor que lhe foi pedido.

A sagacidade está no comprador que, ao reconhecer o verdadeiro potencial da terra, adquiriu-a pelo preço estipulado e, futuramente, obterá um lucro significativo – diferente do proprietário anterior que não a valorizou como deveria.

Dessa forma, compreendemos a razão pela qual, do ponto de vista da ética e da moral judaica, esta parábola de Jesus não menciona que o homem tenha ido conversar com o proprietário da terra para revelar a existência do tesouro. Pelo contrário, tomado de gozo e alegria, como Jesus descreve, o homem vendeu tudo o que havia acumulado ao longo da vida e adquiriu aquela terra para poder ficar com aquele tesouro. Em outras palavras, ele estava comprando mais o tesouro do que a própria terra, e é dessa maneira que o aspecto espiritual da parábola se revela. O Reino dos Céus funciona como esse tesouro oculto.

Foi por essa razão que Jesus orientou o homem rico a vender tudo o que tinha ou a dar seus bens aos pobres, para que, então, seu verdadeiro tesouro estivesse no céu – e não na terra.

A conduta proposta por Jesus nos remete inevitavelmente aos seus discípulos, que abandonaram tudo aquilo que possuíam materialmente em troca do tesouro celestial que Jesus lhes ofereceu quando os convidou a segui-Lo.

Feliz o homem que armazena seu tesouro no mundo espiritual, onde a traça não o consome, o ladrão não o rouba e a ferrugem não o destrói.

Jesus não está falando de um tesouro escondido no campo, mas daquilo que leva ao Reino dos Céus. Essa metáfora construída pelo Mestre é fantástica, pois nos oferece o entendimento do quanto o Reino dos Céus é importante.

O livro de *Jó*, 3:21 fala dos miseráveis, "[...] a quem anseia pela morte que não vem, a quem a procura com afinco como um tesouro [...]".

Esses miseráveis representam aqueles que buscam um tesouro material com toda dedicação e esforço, investindo tudo que possuem nessa busca, sem perceber que esse tesouro traz somente a liberdade material, limitada à condição, posição e tudo mais que seja possível, mas somente na Terra.

Além disso, como esclarece Jesus, esse tesouro ainda pode ser roubado por um ladrão, consumido por uma traça ou destruído pela ferrugem.

Por outro lado, o tesouro apresentado pelo Mestre galileu é o Reino dos Céus, que não pode ser consumido por nenhuma adversidade. Este, sim, oferece a liberdade espiritual.

O tratado *shabat* do *Talmud*, um dos livros que faz parte de um compêndio da tradição oral do povo judeu, conta a história de Yossef (José), um homem que apreciava muito o *shabat*.

O *shabat* é o sétimo dia, no qual o povo de Israel se abstém do trabalho – na verdade, o recolhimento já se inicia no pôr-do-sol da sexta-feira, estendendo-se até o pôr-do-sol do sábado. O povo de Israel dedica esse dia à família, à oração, à prece e a fazer grandes refeições. Nesse dia, os judeus convidam os mais pobres, os mais necessitados, os amigos, a família, enfim, todos que queiram e possam, para confraternizarem juntos. Essa é uma ocasião em que todos oferecem e compartilham tudo de melhor que possuem com todos os que estão presentes. A celebração é uma ideia de fraternidade viva e representa, como o Espírito Mordechai clarifica na *Revista Espírita*,[41] a aspiração ao que será o mundo regenerado.

A história de Yossef

Conta a história que Yossef tinha um vizinho que era gentil, que não era judeu. Esse vizinho costumava consultar astrólogos e magos e, certo dia, procurou um feiticeiro, que lhe falou:

"Veja, a linda propriedade rural que você possui, aquele lindo campo, terá outro dono em breve. O dono do seu lindo campo será Yossef, aquele homem que tanto adora o dia de sábado e que tanto se dedica a ele".

Yossef era conhecido em toda a cidade por comprar as melhores carnes, os melhores peixes, os melhores vinhos e os melhores pães nos dias de sábado. O vizinho, esse homem gentil, sabendo que, por alguma razão, poderia perder sua propriedade, decidiu vendê-la e, com o dinheiro da venda, comprou uma pérola. Ele trocou toda

---

41. Allan Kardec, *Revista Espírita*, FEB, vol. março de 1861.

a sua propriedade por uma única pérola, tão cara que valia o mesmo que todo aquele campo. No entanto, ele tinha medo de ser roubado e, por essa razão, decidiu guardar a preciosa pérola em seu chapéu ou turbante.

Um dia, enquanto o homem atravessava um rio por uma ponte, surgiu um vento muito forte que carregou seu chapéu, vindo a cair rio. Quando o chapéu afundou, um peixe grande apareceu e, vendo aquele ponto brilhante descer em direção ao fundo do rio, abocanhou-o (sem ter consciência, obviamente, de que se tratava de uma pérola).

Mais tarde, um pescador que ainda pescava pouco antes do início do *shabat* – segundo a lei judaica, assim que esse dia começa, os judeus não podem mais fazer compras, nem preparar refeições ou realizar qualquer tipo de trabalho – fisgou justamente aquele peixe.

Com a hora do *shabat* se aproximando, o pescador não sabia o que fazer com aquela enorme criatura, que já valia muito por seu tamanho, até que se lembrou do bom Yossef, conhecido por comprar as melhores comidas para sua mesa de *shabat*, e decidiu oferecer-lhe sua pesca.

Yossef comprou o peixe e, ao prepará-lo para suas visitas, encontrou a pérola e, assim, ficou muito rico.

Yossef dedicava-se verdadeiramente à caridade e à fraternidade e praticava o amor ao próximo. Ele vivia na prática e na observação das leis divinas, representadas, aqui, dentro do judaísmo.

A proposta didática desta história é mostrar que é possível encontrarmos um tesouro, ou uma riqueza, quando isso é desígnio de Deus ou consequência de atitudes edificadas. Dessa forma, a pérola, ou seja, o tesouro encontrado nesta história, é uma maneira simples de representar aquilo que ele encontraria no pós-túmulo simplesmente por ter sido quem foi em vida.

Para enriquecermos ainda mais o entendimento da parábola estudada, traremos mais uma história que se encontra no *midrash* do *Talmud*:

A história da vaca

Yehuda era um homem muito rico que gostava muito de fazer caridade e ajudar os pobres. Ele nunca deixava de ajudar aquelas pessoas que o procuravam e fazia questão de doar seus pertences a quem precisasse. Ele distribuía seu dinheiro por todos os lados, a todos aqueles que quisessem ou estivessem passando necessidade. Contudo, ele tinha tanta vontade de auxiliar o próximo, que acabou distribuindo tudo o que possuía e se tornou pobre. Sua esposa, então, indagou-o: "Como você pôde dar tudo o que tínhamos aos pobres? O que você fará agora?". E Yehuda respondeu a ela: "Vamos fazer o seguinte, mulher: venderemos parte da nossa propriedade, porque, com esta parte, vamos adquirir alguma coisa para a nossa subsistência. Nós não ficaremos sem moradia, e, ao mesmo tempo, continuaremos tendo alguma coisa para seguir ajudando os necessitados, pois essa é a minha vontade". Sua esposa acabou concordando com o plano, e eles venderam parte da terra e ficaram com um pedaço pequeno para eles. Em um dia de trabalho, Yehuda foi arar aquele pedaço de terra com o auxílio de sua vaca, na esperança de plantar alguma coisa que pudesse virar o seu sustento. Durante a lida, o

> **animal escorregou e caiu em um buraco, quebrando sua pata. Percebendo que a vaca estava ferida, ele desceu – tendo que entrar no buraco – para tentar salvá-la. Lá embaixo, no solo, avistou um tesouro que o deixou muito mais rico do que era inicialmente, antes de doar tudo o que tinha.**

Com essas histórias, reconhecemos que Jesus, ao criar a "Parábola do Tesouro", convivia com os conhecimentos talmúdicos. Esses eram os ensinamentos dos profetas, e os próprios provérbios anunciavam que, se alguém procurasse dinheiro ou tesouros, encontraria o terror e o conhecimento de Deus.

Como vimos, Salomão também cita o tesouro como uma coisa pela qual todos temos ambição, como algo que todos nós desejamos.

O tesouro não é algo novo, visto que está presente nas histórias do filho de Davi, que viveu cerca de mil anos antes de Cristo. Jesus, portanto, está contando uma história que Ele já conhecia, pois possuía conhecimento desses princípios judaicos.

Para continuarmos o estudo deste capítulo, vamos acrescentar à análise o item 109 do *Evangelho apócrifo de Tomé*, em que ele diz, de maneira interessante:

> **109O reino é como uma pessoa que tinha um tesouro escondido no campo, mas não sabia. Quando ela morreu, deixou-o para seu filho. Este, não sabendo do tesouro, assumiu o campo e o vendeu. O comprador arava, quando descobriu o tesouro e começou a emprestar dinheiro a juro para quem desejasse. (*Evangelho de Tomé*, 109)**

Essa passagem é trazida por Tomé como uma parábola dita por Jesus.

Compreendemos que o primeiro homem citado na história possuía um tesouro escondido no campo, sem ter conhecimento disso, assim como seu filho, que vendeu a propriedade (com toda aquela riqueza!) que herdara de seu pai. O homem que comprou o campo achou o tesouro e dedicou-se a emprestar dinheiro a quem quisesse, adicionando juros.

O que podemos compreender da "Parábola do Tesouro"? Além de suas reflexões nos mostrarem que estamos, de fato, sempre buscando algum tipo de tesouro, como é dito por Jesus, ela também demonstra que o verdadeiro tesouro são as nossas virtudes, como a bondade, caridade, fraternidade e o acolhimento que oferecemos ao próximo.

Ainda somos capazes de tecer mais uma análise em relação a essa parábola, valendo-nos do que foi dito pelo profeta Ezequiel. No seu livro, ele diz:

> **2Que vem a ser este provérbio que vós usais na terra de Israel: "Os pais comeram uvas verdes, e os dentes dos filhos ficaram embotados"? (*Ezequiel*, 18:2)**

E, mais adiante, ele complementa:

> **20[...] a pessoa que peca é a que morre! O filho não sofre o castigo da iniquidade do pai, como o pai não sofre o castigo da iniquidade do filho: a justiça do justo será imputada a ele, exatamente como a impiedade do ímpio será imputada a ele. (*Ezequiel*, 18:20)**

Há, nesse ensinamento, uma perspectiva da responsabilidade individual, em que cada pessoa responde por si. Isto é, o filho não recebeu o tesouro do pai, porque não deveria herdá-lo, mas sim conquistá-lo, pois o tesouro ao qual Jesus se refere é o espiritual. Ezequiel está nos dizendo que um santo pode ter um filho perverso, pois, como diz Jesus:

> **8O vento sopra onde quer e ouves o seu ruído, mas não sabes de onde vem nem para onde vai. Assim acontece com todo aquele que nasceu do Espírito. (*João*, 3:8)**

Como sabemos, o espírito não é herdado pelos filhos, pois o que nasce da carne, é carne, e o que nasce do espírito, é espírito. Isso significa que o espírito herdará do próprio espírito, e não da matéria de seus progenitores. O item 109 do *Evangelho apócrifo de Tomé* está de acordo com *Ezequiel*, 18, que se alinha com *João*, 3, no diálogo de Jesus com Nicodemos.

Todos esses textos estão em harmonia com o tesouro espiritual de *Mateus*, que está sendo lido neste capítulo.

Consideramos, portanto, que há uma convergência entre todos esses ensinamentos, o que reforça, mais uma vez, a raiz de Jesus, constante no *Evangelho* considerado por todos como não-canônico e apócrifo.

No entanto, quando se trata dos ensinamentos do Cristo, eles não se limitam a um único lugar, não se direcionam a um único povo, pois são, de fato, universais. Eles se expandem e, nessa expansão, encontramos coisas maravilhosas.

Durante essas buscas, há uma felicidade genuína quando encontramos o verdadeiro tesouro dos ensinamentos de Tomé e da "Parábola do Tesouro", trazida por Jesus no *Evangelho de Mateus*.

O livro de *Êxodo*, o segundo do *Pentateuco de Moisés*, em seu capítulo 14, versículo 5, também traz pontos relevantes a respeito do assunto. Como sabemos, o povo de Israel foi escravizado por 430 anos no Egito e, nesse meio tempo, foi atingido pelas dez pragas. Foi então que, sob a liderança de Moisés, o povo judeu conseguiu escapar do jugo do faraó e, consequentemente, da escravidão. Quando o faraó tomou conhecimento, se questionou sobre o que poderia ter sido feito de errado para que os israelitas conseguissem escapar.

Partindo desse fato, contaremos uma história profundamente conectada ao que foi abordado anteriormente neste capítulo.

Trata-se da história de um homem que recebeu um campo como herança e, ao tomar posse dele, decidiu vendê-lo por um preço muito baixo.

O comprador, por sua vez, perfurou poços, plantou pomares e jardins naquela terra.

O vendedor, ao perceber a riqueza da qual havia aberto mão, sentiu uma dor terrível, uma agonia profunda no coração.

O rabi Shimeon Bar Yochai, autor do livro *O Zohar*, base da *Kabalá*, ao comentar esse versículo, compara o sentimento do faraó, ao ver o povo de Israel partindo, ao sentimento de alguém que perdeu um grande tesouro. Ele complementa dizendo que essa dor é semelhante à de um homem que recebeu de herança uma casa muito distante e a vendeu por uma bagatela. Quando o novo proprietário se mudou e passou a viver lá, encontrou ouro, prata, pedras preciosas e pérolas, e aquele que vendeu a casa passou a sentir uma agonia intensa em seu peito.

Em síntese, o rabi compara o povo de Israel, naquele período, a um tesouro da antiguidade da humanidade. Isso ocorre porque, em meio a tantos povos idólatras, a primeira revelação estava depositada como um farol de luz, iluminando o futuro e trazendo a redenção da humanidade pela eternidade.

Com as histórias apresentadas neste capítulo, temos o objetivo de mostrar como Jesus nos convoca a repensar e nos convida a ter coragem para segui-Lo, negando ou desprezando tudo aquilo que é meramente material, para que possamos guardar nosso tesouro nos céus – a verdadeira vida, o mundo espiritual.

Assim, estamos quase concluindo a reflexão e a análise da "Parábola do Tesouro", pois já sabemos que não precisamos ser indiferentes aos bens materiais, mas devemos valorizar mais o que é espiritual.

O Reino dos Céus é tão belo e importante em nossa vida, que é necessário que a dediquemos inteiramente – nossa passagem por aqui – a Jesus, com a lembrança de que Ele revelou à humanidade que o verdadeiro tesouro, a verdadeira vida e o verdadeiro Reino é o mundo espiritual. É isso que a doutrina espírita traz com tanta propriedade: o fato de que possuímos dois mundos, um mundo material e outro espiritual, além do fato de que precisamos trabalhar sempre com o objetivo de nos aproximar do mundo espiritual.

Deuteronômio, 26:15 diz que Deus olha dos céus para a nossa santa habitação. Agora já sabemos que não é ao céu físico que o versículo se refere, mas ao mundo espiritual. Assim como há uma promessa ao povo de Israel para que os mandamentos de Deus sejam cumpridos, há também uma promessa divina a respeito da Terra Prometida – que, longe de ser uma terra física, representa um estado espiritual.

No versículo 18 do mesmo capítulo de *Deuteronômio*, encontramos: "E hoje Deus te fez declarar que tu serias o seu *am segulá* (עם סגלה)". Significa o povo que vai abençoar, que vai modificar o futuro da nação.

Segulá (סגלה) é um remédio espiritual que cura ou muda o futuro – uma história que vem se repetindo poderá ser transformada por meio de um *segulá*.

Portanto, esse povo que abençoará e modificará o futuro da nação iniciou sua jornada de cura da humanidade quando Jesus enviou – através de Moisés, Abraão, Isaac, Jacó, Yossef e tantos outros – a primeira revelação, que foi plenificada com o *Evangelho* do Cristo e que caminhou até a doutrina dos Espíritos.

Em vista disso, conforme Deus prometeu, o povo de Israel deveria "guardar todos os tesouros", ou seja, seguir com devoção e fidelidade o cumprimento dos mandamentos divinos. Por meio de seu exemplo de amor, Israel teria a missão de influenciar os outros povos, guiando-os à luz da religiosidade e do monoteísmo.

Como é dito por Emmanuel no livro *A caminho da luz:*

> **Todas as raças da Terra devem aos judeus esse benefício sagrado, que consiste na revelação do Deus Único, Pai de todas as criaturas e Providência de todos os seres.**[42]

Diante disso, podemos imaginar que, se o povo de Israel devia cumplicidade e devoção a Deus, os fariseus não estavam totalmente equivocados em seu comportamento, pois possuíam a disciplina necessária para cumprir seus desígnios.

Para compreendermos o "ser fariseu" de forma mais abrangente – pois, de certa forma, até mesmo os fariseus são injustiçados –, podemos citar Hilel, apontado como Ministro das Relações Sociológicas do orbe por Humberto de Campos e que era um fariseu.

Gamaliel, que defendeu Simão e outros que estavam na Casa do Caminho, também era um fariseu-*Prushi* (פרושי).

Paulo intitulou-se fariseu até o fim de sua vida, como consta no livro de *Atos*, 26:1–3. Isso demonstra que, muitas vezes, fazemos julgamentos e rotulamos sem considerar a essência do ser.

Um fariseu acorda "fazendo preces", desde quando vai ao banheiro até quando faz uma refeição, rezando cinco vezes ao dia. Sua rotina reflete uma devoção extremamente forte e disciplinada.

---

42. Francisco Cândido Xavier, Espírito Emmanuel, *A caminho da luz*, FEB, cap. VII.

Entretanto, nessas condições, alguns fariseus acabaram se limitando somente à prática exterior de seu culto: apesar da devoção ao monoteísmo e de um estilo de vida dedicado a Deus, afastaram-se do tesouro espiritual maior.

Para concluir nossa análise da "Parábola do Tesouro", citaremos outro versículo que reforça essa reflexão.

Se no capítulo 26 de *Deuteronômio*, o tesouro é identificado como os mandamentos de Deus, em 28:12 encontramos: "E Deus abrirá o seu bom tesouro, o céu". Esses tesouros, como mencionado anteriormente, são espirituais: "E ele dará chuva no tempo certo, e ele abençoará todas as obras de tua mão, e todas as nações serão abençoadas por ti".

Com isso, seguiremos para a análise da próxima parábola, a "Parábola da Pérola", na qual esse raciocínio se tornará ainda mais evidente.

2.1.2. **"O Reino dos Céus é ainda semelhante ao negociante que anda em busca de pérolas finas. Ao achar uma pérola de grande valor, vai, vende tudo o que possui e a compra." (*Mateus*, 13:45-46)**

Para iniciarmos a análise desta parábola vamos recapitular o que nos traz *Provérbios*, 20:15 que diz: "Existe ouro, existem pérolas, porém, lábios repletos de sabedoria são muito mais preciosos que estes". A sabedoria à qual se refere esse trecho – aquela que sai dos lábios e que é mais preciosa que um tesouro – não se refere à sabedoria farisaica ou meramente intelectual. A sabedoria da qual o versículo fala é a que chamamos de *daat* (**דעת**),

que, em hebraico, representa conexão e internalização, presente nos atos. Ela é o nível mais alto em que uma pessoa poderá cumprir uma lei divina.

Jó, no capítulo 28, diz:

> 12Mas a Sabedoria, de onde provém ela? Onde está o lugar
> da Inteligência? 13O homem não lhe conhece o caminho,
> nem se encontra na terra dos mortais. [...] 17Não a igua-
> lam o ouro, nem o vidro, não se paga com vasos de ouro
> fino. 18Quanto ao coral e ao cristal, nem falar! Seria me-
> lhor pescar a Sabedoria do que as pérolas. 19Não se iguala
> ao topázio de Cuch, nem se compra com o ouro mais puro.
> 20Donde vem, pois, a Sabedoria? Onde está o lugar da Inte-
> ligência? 21Está oculta aos olhos dos mortais e até às aves
> do céu está escondida. (*Jó*, 28:12-13, 17-21)

A título de contextualização, vamos iniciar compartilhando uma curiosidade: há tempos, os corais eram utilizados – e ainda são até hoje – como matéria-prima na confecção de camafeus. O camafeu que o senador Públio Lentulus deu a Lívia Lentulus,[43] por exemplo, era esculpido em coral. Hoje os corais mais famosos e valiosos que existem são encontrados no Mar da Sardenha, na Itália.

Voltando à citação de *Jó*, verificamos, mais uma vez, o uso da imagem das aves no céu, cuja importância já foi discutida em capítulos anteriores. E para que continuemos na busca da compreensão dos versículos deste

---

43. Públio e Lívia Lentulus são personagens do romance *Há dois mil anos*, do Espírito Emmanuel, psicografado por Chico Xavier.

capítulo, é essencial esclarecer o conceito de sabedoria do espírito: essa é a sabedoria daquele que busca a instrução e, por meio dela, domina suas paixões, impondo esforços para colocar o ensinamento em prática. Segundo *Jó* e *Provérbios*, essa sabedoria é considerada mais valiosa que as próprias pérolas.

Em *Provérbios*, capítulo 8, encontramos o seguinte trecho:

> **10Acolhei minha disciplina,[44] e não o dinheiro; o conhecimento, mais valioso do que o ouro; 11porque a Sabedoria[45] é melhor que as pérolas, e nenhuma joia lhe é comparável! (*Provérbios*, 8:10-11)**

Essas duas últimas passagens (*Jó*, 28:12-13, 17-21; *Provérbios*, 8:10-11) nos auxiliam a compreender um tesouro que se revela por meio da disciplina, compaixão, aceitação das leis divinas, mansuetude e esforços máximos. Além disso, essas palavras nos convidam a enxergar a matéria do mundo não apenas como um propósito para a vida futura, mas como um caminho para alcançarmos o maior de todos os tesouros: o tesouro do mundo espiritual – mais valioso que todas as pérolas, os diamantes, dinheiro e qualquer propriedade.

44. Embora "disciplina" seja a palavra utilizada nesta tradução, podemos compreendê-la no sentido de "instrução".

45. Essa é a sabedoria conectada à moralidade – no original, usa-se *daat*, mais uma vez.

Em *Mateus*, 7:6, o próprio Jesus cita a seguinte frase: "Não deis aos cães o que é sagrado, nem atireis as vossas pérolas aos porcos [...]". Ao examinarmos essas palavras, concluímos que tanto o cão quanto o porco são animais impuros, de acordo com o *Levítico*. Dessa maneira, Jesus compara as coisas santas, que são sublimes, com seus adversativos, os cães. Ele compara também as pérolas, com os seus valores sublimes, aos porcos, que são considerados animais condenados e impuros. Assim, ele realiza duas distinções: separa o bem do mal e, ao mesmo tempo, o material do espiritual.

Como sabemos, as pérolas não são elementos recentes; elas remontam ao período Neolítico. O Neolítico, também chamado de Idade da Pedra Polida, sucedeu ao Paleolítico, conhecido como Idade da Pedra Lascada. O Neolítico iniciou-se por volta de 10000 a.C., estendendo-se até aproximadamente 4000 a.C. Essa nomenclatura deriva do grego *néos*, que significa "novo", e *lithos*, que significa "pedra". Ou seja, esse foi o período da "pedra nova" (polida), em oposição ao período da "pedra lascada".

Foi nesse período, entre 5600 e 5800 a.C., que as pérolas foram descobertas.[46]

---

46. A pérola mais antiga encontrada no mundo, datada entre 5600 e 5800 a.C., foi encontrada em 2017. Essa gema preciosa foi encontrada em um sítio arqueológico neolítico, que fica em uma pequena ilha próxima a Abu Dhabi. Esse tesouro, como tem sido colocado, é uma gema preciosa rósea de quase um centímetro.

A valorização desse elemento também não é recente e, por isso, as pérolas estão presentes em muitos ensinamentos da antiguidade.

Em *Provérbios*, 31:10, o rei Salomão também usa a imagem da pérola ao falar sobre a mulher virtuosa, dizendo: "Quem encontrará a mulher virtuosa? Ela vale muito mais do que pérolas". Esse mesmo elemento também é utilizado para exprimir ensinamentos no item 76 do *Evangelho apócrifo de Tomé*, no qual está escrito:

> **76O reino do Pai, pode ser comparado a um comerciante que tinha um carregamento de mercadorias e encontrou uma pérola. O comerciante era inteligente, vendeu a mercadoria e comprou a pérola para ele. Também vós deveis procurar o tesouro que é inexaurível, que é perdurável, onde a traça não se aproxima para comer e onde os germes não o destroem. (*Evangelho de Tomé*, 76)**

Assumimos que é possível "escutar" Jesus falando (com a mesma linguagem dos evangelhos canônicos) aqui nesse item do *Evangelho apócrifo de Tomé*, que nos conduz a reflexões correspondentes às da "Parábola do Tesouro" e da "Parábola da Grande Pérola".

Os homens, do ponto de vista material, buscam tesouros e pérolas, que possuem um valor material muito elevado, mas essas são conquistas que não tornam uma pessoa melhor em absolutamente nada. É por essa razão que todo empenho em adquirir tesouros e pérolas materiais deva ser também colocado (em igual ou maior proporção) em tentarmos adquirir o Reino dos Céus e a espiritualidade, pois o mundo espiritual é o caminho de todos nós, como mostra a doutrina espírita na obra *O céu e o inferno*.

Em *A gênese*, Kardec diz que o universo é dividido em duas partes primordiais: a material e a espiritual. Por isso, Jesus disse: "Meu reino não é deste mundo". Busquemos o mundo espiritual, pois ele é o mundo mais racional, como diz Tomé em seu *Evangelho apócrifo*.

A partir dessas reflexões, podemos concluir – por meio de todas as citações até aqui – que o maior de todos os tesouros se encontra no plano espiritual. São conquistas eternas do Espírito, como o conhecimento e a moralidade, os maiores deles, e mais valiosos que pérolas, pedras preciosas e tudo aquilo que os olhos dos homens são capazes de enxergar. Como diz Emmanuel:

> O homem carnal, em vista das circunstâncias que lhe governam o esforço, pode ver somente o que está "morto" ou aquilo que "vai morrer". O Reino de Deus, porém, divino e imortal, escapa naturalmente à visão dos humanos.[47]

Dessa forma, chegamos, enfim, à pergunta que é feita pelo mancebo rico ao encontrar-se com Jesus: "O que eu devo fazer para conseguir alcançar uma posição futura segura no mundo vindouro? Como eu adentro o mundo vindouro?". E Jesus, então, lhe responde: "Segue os mandamentos".

---

47. Francisco Cândido Xavier, Espírito Emmanuel, *Caminho, verdade e vida*, FEB, cap. 107 – "Vinda do Reino".

Esses mandamentos, no entanto, eram aqueles que ele já conhecia – "não matarás, não adulterarás, não darás falso testemunho, honre seu pai e sua mãe, e amarás a teu próximo como a ti mesmo" – e já cumpria. Jesus, diante disso, responde: "Então vem dar todos os seus bens, distribua aos pobres e você terá o tesouro dos céus".

O tesouro que apresentamos, portanto, pode ser alcançado quando amamos ao próximo com todo o nosso coração, a ponto de anularmos todas as nossas paixões humanas para estabelecer uma conexão no nível mais puro ou divino.

Quando amamos a Deus com toda a nossa alma, mesmo que nos custe a própria alma ou exija a entrega da vida em sacrifício; e, por fim, quando amamos a Deus com todos os nossos "muitos" – uma tradução de *becol meodecha* (ובכל מאדך), ou seja, "com tudo que possuímos".

Essas são as nossas verdadeiras propriedades: nossos pensamentos, nossas falas, nossas ações e nossos bens materiais. Para tornar a reflexão mais vívida, traremos a história de um Espírito que foi interrogado por Kardec em uma reunião, o registro está no livro *O céu e o inferno*.[48]

Trata-se da trajetória de um judeu que viveu na cidade de Vilna, na Lituânia, e desencarnou em 1865. Por 30 anos de sua vida, ele foi mendigo. Era muito conhecido por sua dedicação a órfãos e viúvas, percorrendo as ruas de Vilna e repetindo: "Lembrai-vos dos pobres, das viúvas e dos órfãos". Com sua humilde "gamelinha", pedia e recolhia doações durante suas três décadas de

---

48. Allan Kardec, *O céu e o inferno*, FEB, segunda parte, cap. VIII.

mendicância. Tudo o que ele arrecadava, entregava aos mais necessitados. Além disso, cuidava dos doentes com suas próprias mãos.

À noite, trabalhava fabricando rapé,[49] um produto muito comum nas sinagogas, principalmente na Europa. Explicou que essa experiência era uma reparação por uma vida passada, cerca de 350 anos antes, quando havia sido um rei ou um príncipe que abusara do poder. Naquele tempo, foi tirano, carrasco, imperioso, violento, avarento e sensual, chegando a criar um imposto para taxar os mendigos e proibido que seu povo doasse dinheiro a parentes, forçando-os à mendicância e à tributação, o que o enriquecia ainda mais.

Ao desencarnar, porém, encontrou imensa tristeza, sofrimento e profunda angústia – como aquela no fundo do peito mencionada anteriormente. Permaneceu na erraticidade por 350 anos, até que sua consciência finalmente despertou, permitindo sua reencarnação sob outra condição. Dessa vez, dedicou-se inteiramente a servir a Deus, mesmo que isso significasse o sacrifício da sua vida. Reencarnou órfão e, desde jovem, mendigava durante o dia, enquanto trabalhava à noite para se sustentar. Mesmo o pouco que obtinha da venda do rapé era destinado aos pobres.

Dizem que, quando ele desencarnou no ano de 1865, a população da cidade de Vilna se reuniu para acompanhar o enterro do cadáver, pois ele havia sido um grande missionário que marcou a vida de todos. Ele ainda relatou

49. Rapé é um tabaco especificamente preparado para se cheirar.

que, embora tivesse nascido pobre e vivido como um órfão, sozinho, sem amor e afeto, carregava uma ideia viva: “Não faça aos outros aquilo que não gostaria que fosse feito a você”. Mais do que isso, ele ainda complementou: “Em vez de apenas não fazer aos outros o que eu não gostaria que fosse feito a mim, farei aos outros o que eu gostaria que fosse feito por mim se eu estivesse na situação deles”.

Ele conta que, ao desencarnar em 1865, encontrou a felicidade plena, não por ter desprezado a matéria, mas por tê-la utilizado com sabedoria, entendimento e consciência, enfim, como o propósito de sua vida no mundo material.

Encontrou, então, a paz do seu espírito, sendo descrito como um Espírito feliz, em uma condição muito favorável no plano espiritual, pois conquistou o tesouro do Reino dos Céus. Esse tesouro estava instalado em seu coração e, por essa razão, ninguém jamais poderia saqueá-lo.

Para todas as preocupações que adquirimos com a busca pela matéria, podemos encontrar esse lindo ensinamento no capítulo 6 do *Evangelho de Mateus*:

> 26Olhai as aves do céu: não semeiam, nem colhem, nem
> ajuntam em celeiros. E, no entanto, vosso Pai celeste as
> alimenta. Ora, não valeis vós mais do que elas? 27Quem
> dentre vós, com as suas preocupações, pode acrescen-
> tar um só côvado à duração da sua vida? 28E com a roupa,
> por que andais preocupados? Observai os lírios do cam-
> po, como crescem, e não trabalham e nem fiam. 29E, no
> entanto, eu vos asseguro que nem Salomão, em toda sua
> glória, se vestiu como um deles. (*Mateus*, 6:26-29)

Deus provê aos necessitados a partir dos seus esforços; isso não depende do desprezo à matéria, mas da compreensão de que o propósito do mundo material é a conquista do Reino dos Céus, aclarado pelo *Evangelho*, no coração de cada um.

Em resumo, a riqueza material não impede ninguém de fazer o bem e compartilhá-la com os mais necessitados. O que Jesus orienta é que não sejamos escravos dos bens materiais, mas que os utilizemos em benefício dos que nos cercam.

2.2. Análise da "Parábola da Rede"

> **47 O Reino dos Céus é ainda semelhante à rede lançada ao**
> **mar, que apanha de tudo. 48 Quando está cheia, puxam-na**
> **para a praia e, sentados, juntam o que é bom em vasilhas,**
> **mas o que não presta, deitam fora. 49 Assim será no fim do**
> **mundo: virão os anjos e separarão os maus dos justos 50 e**
> **os lançarão na fornalha ardente. Ali haverá choro e ran-**
> **ger de dentes. (*Mateus*, 13:47-50)**

Através dessas sábias palavras, observamos como os ensinamentos das parábolas vão se articulando. As parábolas dos capítulos anteriores se apresentam, portanto, em uma sequência lógica, não por acaso, mas para que cheguemos ao entendimento deste capítulo; todas elas estão perfeitamente conectadas.

Partiremos, então, da contextualização de alguns costumes judeus para analisarmos a "Parábola da Rede" e a "Parábola do Pai de Família".

Alguns judeus mantêm o hábito de, na noite de *Rosh Hashaná* (ראש השנה), o ano novo judaico, recitarem: "Que seja da vontade do nosso Deus, Deus de nossos pais, que nos multipliquemos como os peixes".

No *Rosh Hashaná*, segundo a tradição, os judeus acendem velas à noite com o propósito de iluminar o mundo. Eles também realizam refeições festivas e ouvem os toques do *shofar*, entre outros costumes.

Para os judeus, tanto para os que ouviram esta parábola no passado quanto os que a escutam nos dias de hoje – o *Rosh Hashaná* marca o encerramento de um ciclo e o início de um novo.

Os ciclos são extremamente significativos dentro do judaísmo. Nesse dia, o homem reflete sobre suas atitudes ao longo do ano que termina e pede a Deus para que seja inscrito no *Livro da vida*: inscrevem-se nas bênçãos e nas expiações que receberão; nas provas que encontrarão no próximo ano e, assim, por diante.

Dentro da visão judaica, aquele que se comportou excessivamente mal e exacerbou seus débitos espirituais do passado, pode, em certas interpretações, encontrar no desencarne, uma forma de ajuste ou recomeço. Nesse contexto, pode-se dizer que seu nome "não está inscrito no *Livro da vida*".

O momento do balanço geral das atitudes, dos feitos e do comportamento de cada um, segundo o espírito, inicia-se quando alguns judeus, 30 dias antes do *Rosh Hashaná*, começam a recitar as *selichot* (סליחות), lamentações.

Selichot é um pedido de perdão a Deus. Quando um judeu as recita, ele bate no peito, como, por exemplo, na passagem do fariseu e do publicano que Jesus nos conta.

Em tal caso, pedimos perdão e recitamos: "Eu pequei, eu errei, eu me equivoquei". Então, alguns judeus, durante 30 dias – alguns o fazem durante sete dias, antes do ano novo judaico –, preparam-se para esse momento refletindo e vivendo na introspecção e refletindo sobre as consequências daquilo que fizeram em relação à sua família, ao seu trabalho e a todas as outras questões de suas vidas.

Durante todo esse mês que antecede o ano novo judaico, ouve-se o *shofar* – não exatamente um instrumento musical, mas um chifre que emite um som muito desagradável que incomoda. Ele tem o objetivo de despertar o espírito para os propósitos da vida.

Em Jericó, quando o *shofar* ecoa, suas muralhas desmoronam simbolicamente, pois as muralhas que devem ser derrubadas são aquelas que ainda seguram as pessoas dentro de seu egoísmo e orgulho. Quando o *shofar* é tocado, a comunidade ouve um barulho que visa – alegoricamente – a tocar o fundo dos corações, a tocar os Espíritos. Assim, os judeus se preparam para esse encontro, chamado de Julgamento ou Balanço Geral do ano pelo qual passaram.

Após isso, seguem-se dez dias que antecedem o dia do perdão, *Yom Kipur*, cujo significado foi explicado em capítulos anteriores: *hamelech bassade* (המל ך בשדה), ou seja, o Rei está no campo. Isso significa que Deus está ali presente, como sempre. Porém, algumas pessoas utilizam somente esse momento para se aproximarem Dele. Fazem uso desse momento porque "o Rei está no campo", não mais dentro do palácio. Assim, se elas quiserem chegar perto do Rei, poderão se aproximar Dele, pois não haverá nada para impedi-las. Nesse momento, podem, por exemplo, relatar a Ele suas necessidades, dores e dificuldades. Elas podem levar seus corações a se arrependerem. Assim, encontramos no *Apocalipse de João* (capítulos 8 e 9), a descrição de que sete trombetas serão tocadas por sete anjos no momento do apocalipse: o som das trombetas ouvidas são reproduzidos justamente pelo *shofar*.

Conta-se também que, quando o povo de Israel recebeu os "Dez Mandamentos", ouviu o som do *shofar*. Como já mencionamos, o *shofar* é um chifre, preferencialmente, de carneiro – pois não se pode usar o chifre de boi, já que o boi lembra o *Chet haeguel* (חטא העגל), "a adoração ao bezerro de ouro".

O chifre de carneiro pode ser utilizado, pois esse animal foi sacrificado no lugar de Isaac.

No dia de *Rosh Hashaná*, os judeus cumprimentam-se nas sinagogas dizendo: "*shaná tová umetucá*" (שנה טובה ומתוקה), "um ano bom e doce para você" e "*gmar chatima tova*" (גמר חתימה טובה), "que você seja inscrito e selado no *Livro da vida*".

Para que os dias do homem sejam prolongados sobre a terra, o quinto mandamento de Moisés é lembrado: *Caved et avicha veet imecha lemaan* (כבד את־אביך ואת־ אמך למען), "honrar pai e mãe com a continuidade dos teus Dias".

Pela eternidade, eles os honrarão quando cumprirem a vontade de Deus, mesmo que às vezes isso não seja compreendido por alguns naquele momento. Tudo isso quer dizer que, se tivermos o nosso coração arrependido e nos aproximarmos de Deus, poderemos continuar a vida nesse julgamento do *Rosh Hashaná*.

Recordaremos agora do *Apocalipse*, o assunto final.

Apocalipse significa retirar o véu, revelar. É o momento de revelar por que o *olam*, mundo, em hebraico, significa "ocultação". Deus, deste modo, está oculto nesse mundo, mas ele se revelará. Essa revelação não ocorrerá de forma mágica, mas através da instauração do Reino dos Céus nos corações de todos nós.

Quando assumirmos a transformação que desejamos ver no mundo, a revelação de Deus se manifestará no planeta. Segundo a tradição judaica, o apocalipse (a transição planetária), ocorrerá, no máximo, até o ano 6000. Já se passaram quase 5.800 anos. Isso significa que, atualmente, estamos vivendo a transição, a ponto de vermos esse mundo regenerado, como está descrito que será o futuro no *Apocalipse de João*.

Acontecerá, então, aquilo para o qual o povo judeu treina todos os anos no ano novo judaico: um balanço de todos os feitos de cada um.

Uma das genialidades desta parábola está no uso de peixe como símbolo. Peixe, em hebraico, é *dag* (דג), palavra escrita com apenas duas letras em hebraico: *dálet*, que tem valor numérico 4, e *guimel*, com valor 3. Ao somarmos esses valores, obtemos o número 7.

Portanto, na era do sétimo milênio, ou seja, até o ano de 6001, segundo o judaísmo, já estaremos no processo de regeneração. Por conta disso, o peixe representa o número 7. O *shabat*, sétimo dia, seria, como diz o Espírito

Mordechai, na *Revista Espírita*,[50] um emblema do mundo regenerado, pois nesse dia exercitamos a fraternidade em um nível muito elevado.

Na mesa de *shabat*, é comum encontrarmos peixe, pão, carne e vinho, todos associados ao número 7 na numerologia da *Kabalá*.

No tempo de Jesus, quando um pescador estava em meio a uma pescaria, lançava sua rede ao mar e recolhia muitos peixes. Ao trazer a rede de volta, está escrito: os bons, ele colocava no cesto; os ruins, jogava fora. A decisão acerca do que é um peixe bom ou ruim respeitava a lei judaica. Segundo o capítulo 11 de *Levítico*, os peixes puros que podiam ser consumidos, eram aqueles que possuíam escamas e barbatanas, enquanto os impuros seriam os que não as possuíam.

No Mar da Galileia, não havia somente peixes com escamas, mas também peixes de couro – uma espécie de bagre. Quando o pescador lançou sua rede ao mar e recolheu sua captura, separou os peixes de acordo com sua utilidade: os de escamas, que poderia consumir ou vender, e os sem escamas, considerados impuros segundo a lei judaica, que eram devolvidos à água.

Ele também não poderia vender os peixes impuros aos romanos, pois, segundo a lei, a faca e a tábua deveriam ser usadas exclusivamente para o corte de peixes puros. Para não ser necessário purificar a faca ou a tábua, devolvia os peixes impuros de volta à água.

---

50. Allan Kardec, *Revista Espírita*, FEB, vol. março de 1861.

No dilúvio de Noé, a água vem para purificar o "mundo". O ser humano está imerso em um corpo que possui cerca de 70 % de água em sua composição para que seja purificado o seu espírito. Então, o peixe impuro retorna para a água porque precisa de mais tempo de purificação.

Kardec, em *Obras póstumas*,[51] diz que, quando chegar o momento da transição planetária, os Espíritos mais rebeldes – aqueles que não acompanharam a evolução moral, ou, pelo simbolismo utilizado aqui, aqueles que estiverem "impuros" – serão separados. Essa separação não ocorrerá porque Deus castiga. Pelo contrário, ela ocorrerá porque Ele é misericordioso.

Utilizando-se do processo de transmigração entre orbes, Ele colocará esses Espíritos mais rebeldes "dentro da água da purificação", isto é, na matéria pela qual eles poderão reencarnar novamente em um mundo de provas e expiações, e, lá, poderão permanecer por uma longa jornada. Essa jornada seguirá até o momento em que "a rede do pescador for jogada novamente". Aqueles Espíritos que já estiverem purificados – por terem aprendido, enfim, a utilizar bem a matéria – adentrarão o Reino dos Céus e poderão, então, encontrar o maior de todos os tesouros.

Essas reflexões reforçam a semelhança desta parábola com a "Parábola do Joio e do Trigo", estudada no capítulo 3. Nela, o joio cresce junto com o trigo, e o dono do campo não permite que o joio seja arrancado, para não sacrificar o trigo.

---

51. Allan Kardec, *Obras póstumas*, CELD, segunda parte, "Regeneração da humanidade".

Dessa forma, é necessário deixar os peixes impuros no mar, para que eles possam crescer e tornar-se peixes em condições de serem aproveitados. Similarmente, na hora da colheita, também há uma seleção entre o joio e o trigo.

Aprofundando essa análise um pouco mais, também vemos essa seleção como o juízo final. A seleção que será feita na transição é aquela em que os que forem capazes de sintonizar com o *Evangelho* permanecerão no mundo regenerado, e os outros, não. Estes não serão isolados nem destruídos, porém, enviados a um novo planeta, compatível com seu nível evolutivo, para que possam crescer. Na hora da próxima colheita (ou do próximo ciclo, que já está se aproximando), segundo a *hanachash* (הנחש), a serpente, presente no *Gênesis*, 3:14–15, "esmagará a cabeça e morderá o calcanhar" da mulher, pois a cabeça e o calcanhar representam esse ciclo de seis mil anos, em que haverá a seleção.

Então, há a serpente, o peixe, o joio e o trigo. As parábolas, como dissemos, encaixam-se perfeitamente nos ensinamentos de Jesus.

Nesta parábola, é curioso observar e refletir também sob a ótica da parábola do *Evangelho de Tomé*, item 8. Segundo Tomé, Jesus disse a ele e aos discípulos:

> 8O homem é semelhante ao pescador inteligente que lança sua rede ao mar e a retira cheia de peixes pequenos. Entre todos eles, vem um grande e famoso peixe. O pescador inteligente lançará de novo os peixinhos ao mar e ficará muito contente com o peixe grande. Que aquele que tem ouvido para ouvir, ouça. (*Evangelho de Tomé*, 8)

Essa colocação é muito curiosa, pois Jesus não fala nos peixes; Ele fala no peixe. Esse peixe é o Reino dos Céus, o mundo espiritual. Ele está dizendo que o homem inteligente, desenvolvido e culto saberá discernir suas escolhas, saberá dar a César o que é de César. Esse homem não se envolverá com coisas pequenas – ou com peixes impuros. Ele escolherá precisamente os peixes puros, aptos a servirem ao divino, que é o Reino dos Céus.

Essa é outra forma de contar o que Jesus havia dito ao pescador. Ele, entre todos esses peixes, escolheu os peixes puros – o mundo espiritual. Essa colocação remete a todas as parábolas que são concluídas naquele reino maior, que é aquele peixe puro do ponto de vista simbólico da lei judaica, que todo pescador deseja.

Ele não se perderá nas coisas impuras, naquilo que é material ou nos defeitos que muitas vezes atrasam a cada um, pois ele destruirá o orgulho, o egoísmo, a inveja e tudo aquilo que possa atrapalhar a pesca segundo a lei da pureza, respeitando o tempo de cada pessoa.

Essa passagem do *Evangelho de Tomé* é tão rica, que ainda podemos fazer mais algumas analogias. Seria possível dizer que Jesus é o pescador, a rede é o *Evangelho* e os peixes são as pessoas, enquanto o mar representa o mundo.

Essa seria outra forma de mostrar o que Jesus quer da humanidade: ele, o pescador, busca, através do seu *Evangelho*, poder instruir a maior quantidade possível de peixes, pois esse mar, que representa o planeta em que se vive, é o ambiente de evolução da humanidade.

O planeta é, consequentemente, essa água, que dará tempo àqueles que buscam Jesus para crescer.

2.3. Análise da "Parábola do Pai de Família"

> **51"Entendestes todas essas coisas?" Responderam-lhe:**
> **"Sim". 52Então lhes disse: "Por isso, todo escriba que se**
> **tornou discípulo do Reino dos Céus é semelhante ao pai**
> **de família que do seu tesouro tira coisas novas e velhas."**
> **(*Mateus*, 13:51–52)**

Nos versículos acima, Jesus pergunta a seus discípulos se eles compreenderam o que havia sido dito e, após a resposta positiva, Ele faz um fechamento magnífico de seu ensinamento: "todo escriba que se tornou discípulo do Reino dos Céus é semelhante ao pai de família que do seu tesouro tira coisas novas e velhas". O Mestre está mostrando aos discípulos a razão pela qual Ele os escolheu como aprendizes.

No entanto, Jesus não estava ali exclusivamente para eles, pois veio ao mundo todo, para todas as pessoas.

Quando Ele disse: "todo o escriba", referia-se ao homem culto dentro do contexto judaico, e não ao pagão ou os povos não judeus. Esse escriba poderia ser identificado com o rabino que, além de mestre em Israel, era escritor e copista, acumulando um conhecimento que naquela época não era comum.

Jesus disse, então, que o escriba que se fez discípulo do Reino dos Céus era aquele que aceitou todos os ensinamentos transmitidos por Ele. Esse escriba não havia sido convidado por Ele, mas, por meio de seu conhecimento, acolheu a palavra, como disse Jesus: "que veio para as ovelhas perdidas da casa de Israel".

O Mestre frequentemente mencionava aqueles que conheciam os ensinamentos, mas não os praticavam, como os fariseus. No entanto, nesta passagem, Ele escolheu citar um escriba – um homem culto, um rabino – que se fez discípulo do Reino dos Céus.

Esse escriba não era apenas um conhecedor das leis e tradições judaicas, mas um mestre, um *rebe* para aqueles que seguem a corrente hassídica.

Jesus comparou esse homem que se fazia discípulo do Reino dos Céus a um dono de casa que tirava coisas novas e velhas do seu tesouro. Nesse trecho, observamos que o Mestre fechou seu ensinamento com a palavra pela qual iniciamos toda essa análise: "tesouro".

As coisas novas retiradas de seu tesouro representam as mensagens de Jesus e o *Evangelho* que Ele trouxe para a humanidade. No entanto, ao falar do escriba, que é judeu e, portanto, ligado à primeira revelação que, naquele momento, comparada à nova revelação, era "velha".

Ainda assim, o escriba que continuou se instruindo e tornou-se discípulo do Reino dos Céus aproveitou tanto a primeira revelação, *Brit Rishon* (ברית ריישום) quanto a nova aliança, *Brit Chadashá* (ברית חדשה), pois ambas representam o tesouro revelado por Jesus.

Esse escriba, ao aceitar essa verdade, seria comparado ao dono da casa, que retira de seu tesouro tanto coisas novas quanto velhas, compreendendo a continuidade espiritual entre as duas revelações.

É possível acrescentarmos outro aspecto interessante: todo espírita que se tornar discípulo do Reino terá que aceitar coisas novas, velhas e aquelas que estão por vir. Em outras palavras, quando nós, espíritas, nos tornamos discípulos do Reino, aceitamos a primeira revelação (as coisas velhas), a segunda revelação (as coisas novas trazidas por Jesus) e a terceira revelação (as coisas novíssimas, que vêm do Espírito da Verdade). Desse modo, podemos encerrar todas essas parábolas a respeito de tesouros com as três Revelações, partindo daquilo que Jesus deixou, de forma reticente, pois Ele quis acolher – e acolhe – os conhecimentos que trazem todas elas.

O Mestre acolhe e compreende mesmo aqueles Espíritos que não conhecem nenhuma dessas revelações, mas que possuem sua própria filosofia no bojo, ou na essência da sua doutrina, ou religião, isto é, as outras religiões do planeta.

Ele não deixou de fora o escriba, relacionado à primeira revelação, mas enquadrou-o na segunda, que era a Sua, e colocou a humanidade na terceira.

Universalmente, só precisamos pedir-Lhe que nos conceda a simplicidade, a humildade e o entendimento para podermos receber, como o dono da casa, o tesouro do qual iremos tirar coisas novas, velhas e aquelas mais recentes reveladas pelo Espírito da Verdade.

Encerramos, desse modo, o último versículo, observando como a primeira, a segunda e a terceira revelação se concentram no Reino do Céus por meio dos versos do Mestre Jesus.

3. Reflexões Finais

Encerramos, com a "Parábola do Pai de Família", *Av Mishpacha* (אב משפחה) ou "Parábola das Coisas Novas e Velhas", a discussão iniciada no primeiro capítulo deste livro.

Ao longo destes capítulos, apresentamos e analisamos oito parábolas: "Parábola do Semeador", "Parábola do Joio e do Trigo", "Parábola do Grão de Mostarda", "Parábola do Fermento", "Parábola do Tesouro Escondido", "Parábola da Grande Pérola", "Parábola da Rede" e "Parábola do Pai de Família".

De todas as riquezas encontradas nessas parábolas, a maior de todas é o fato de que a doutrina espírita, ao mesmo tempo que rasga horizontes novos para o futuro, projeta luz não menos viva aos mistérios do passado, indo ao encontro da compreensão da cultura na qual Jesus viveu e dos caminhos onde começou o plano de redenção da humanidade, iniciado com Abraão, estendendo-se até os dias atuais e atravessando a transição planetária.

O propósito de deste estudo é ampliar as consciências e o entendimento aprofundado, com o intuito de que cada um se esforce um pouco mais para se aproximar da moral do Cristo e da transformação íntima em seu coração.

Para atingir esse objetivo, buscamos trazer uma pequena contribuição das origens do *Evangelho* à luz da doutrina espírita nos estudos do capítulo 13 de *Mateus*.

Procuramos, com este livro, oferecer um olhar abrangente desse *Evangelho*, pois é um dos mais importantes e um dos mais ligados à primeira e à segunda revelação.

É importante salientar que essas informações não poderiam ter sido trazidas sem o apoio da doutrina espírita. E essas reflexões só nos reforçaram o sentimento de gratidão por desfrutarmos dessa doutrina, que é riquíssima e traz muita luz sobre qualquer assunto. Somente essa doutrina conseguiria realizar esse "casamento", essa combinação, entre as revelações mais importantes do planeta.

Quando ampliamos o entendimento da cultura na qual Jesus viveu, dos caminhos onde seu plano começou e do caminho de redenção da história da humanidade, nossos propósitos se tornam mais claros.

À luz das ideias desenvolvidas neste livro, entendemos que a transição planetária depende, primeiramente, de uma transformação interior. Se nos esforçarmos um pouco mais, saindo da nossa zona de conforto, conseguiremos nos aproximar passo a passo da moral do Cristo, com um pouquinho mais de transformação íntima em nossos corações.

João, no capítulo 14, esclarece:

> 17[...] o Espírito da Verdade, que o mundo não pode acolher, porque não o vê nem o conhece. Vós o conheceis, porque permanece convosco [...] 26Mas o Consolador, o Espírito Santo que o Pai enviará em meu nome, vos ensinará tudo e vos recordará tudo o que eu vos disse. (*João*, 14:17, 26)

Kardec complementa esses versículos de *João* na mesma entonação do Cristo, dizendo, em suas obras, que, se Jesus não disse tudo, os Espíritos também não o disseram. Isso não significa que a doutrina espírita tenha mistérios, mas que cada revelação deve vir a seu tempo e à medida que os homens estiverem preparados para receber novas informações, proporcionais ao seu conhecimento e à sua evolução. Isso também é ratificado na questão 627 de *O livro dos Espíritos*, em que se enfatiza o fato de que Jesus "falava de conformidade com os tempos e com os lugares", ou seja, aquilo que está ao nosso alcance nesse momento está no limite do nosso entendimento.

No futuro, outras informações nos serão reveladas, à medida que, como diz Kardec, novas revelações, novas ciências e novos conceitos forem desvelados.

O que buscamos fazer aqui, portanto, foi multiplicar as benesses que vêm do Cristo para todos aqueles que estão em condições de recebê-las e que têm seus Espíritos iluminados e abertos para receberem coisas novas, como Jesus ensinou.

Para encerrar, por ora, o nosso estudo, deixamos o exemplo de humildade e sabedoria daquele pescador que escolheu o peixe puro, não por ganância, mas porque descobriu onde está a verdadeira Luz.

E, como o Mestre Jesus diz no "Sermão Escatológico", que cada um receba segundo as suas obras. Que cada um possa ter bagagem espiritual para trabalhar em obras de amor, paciência, resignação, luz e benesse para suas famílias, para aqueles que os cercam e para todos os que dependem da sua direção, proteção e compreensão.

Somos gratos a Jesus e aos bons Espíritos pelo que podemos oferecer ao caro leitor. ★★★

Bibliografia

AUSUBEL, Nathan. *Conhecimento judaico II*. A. Koogan: Rio de Janeiro, 1964. (Judaica, v. 6)

BENSION, Ariel. *O Zohar: o livro do esplendor*. Polar: São Paulo, 2006.

BEZERIN, Rifka. *Caminhos do povo judeu*. Federação Israelita: São Paulo. [vol. 1]

Bíblia de Jerusalém. Nova edição, revista e ampliada. Paulus: São Paulo, 2002.

BUNIM, Irving M. *A ética do Sinai (Pirkê Avot): ensinamentos dos sábios do Talmud*. Sêfer: São Paulo, 1998.

CHAIM, Chafets. *Ensinando com parábolas*. Maayanot: São Paulo, 2004. (v. 1)
______. *Ensinando com parábolas*. Maayanot: São Paulo, 2004. (v. 2)

CHAMPLIN, Russell Norman. *O Novo testamento interpretado: versículo por versículo*. Candeia: São Paulo, 1995. (v. 1)

FLUSSER, David. *O judaísmo e as origens do cristianismo*. Imago: Rio de Janeiro, 2000. (v. 1)
______. *O judaísmo e as origens do cristianismo*. Imago: Rio de Janeiro, 2001. (v. 2)
______. *O judaísmo e as origens do cristianismo*. Imago: Rio de Janeiro, 2002. (v. 3)

FRANCO, Divaldo Pereira; Espírito Amélia Rodrigues. *Primícias do reino*. 12. ed. LEAL: Salvador, 2024.

GRYLAK, Moshe. *Reflexões sobre a Torá*. Sêfer: São Paulo, 1998.

KARDEC, Allan. *A gênese*. 25. ed. FEB: Rio de Janeiro, 1982.
______. *O céu e o inferno*. Mundo Maior: São Paulo, 2004.
______. *O Evangelho segundo o espiritismo*. 352. ed. IDE: Araras, 2008.
______. *O livro dos Espíritos*. Edição comemorativa do sesquicentenário. FEB: Brasília, 2006.
______. *Obras póstumas*. CELD: Rio de Janeiro, 2002.
______. *Revista Espírita*, março de 1861. 4. ed. Edicel: São Paulo, 2022.

MAIMÔNIDES (Moshe ben Maimon). *Mishné Torá: o livro da sabedoria*. Imago: São Paulo, 2000.
______. *O guia dos perplexos*. Landy: São Paulo, 2004. (parte 1)
______. *O guia dos perplexos*. Landy: São Paulo, 2003. (parte 2)

MELAMED, Meir Matzliah. *Torá: a lei de Moisés*. Sêfer: São Paulo, 2001.

ROHDEN, Huberto. *O quinto Evangelho: a mensagem do Cristo segundo Tomé*. Alvorada: São Paulo.
______. *Sabedoria das parábolas*. Alvorada: São Paulo.

SNAITH, Norman Henry. תורה נביאים וכתובים [A *Bíblia* em hebraico]. The British and Foreign Bible Society: London.

TOUGER, Eliyahu. *No jardim da Torá*. Chabad: São Paulo, 1997 (5757).

WEINSTOCK, Yair. *Contos da Guemará*. Colel Torá Temimá do Brasil: São Paulo, 1996.

WEISSMAN, Moshe. *O pequeno midrash diz*. Maayanot: São Paulo, 2014. (5 v.)

XAVIER, Francisco Cândido; Espírito André Luiz. *Evolução em dois mundos*. 27. ed. FEB: Brasília, 2024.
______. *No mundo maior*. 28. ed. FEB: Brasília, 2024.
______. *Nos domínios da mediunidade*. 36. ed. FEB: Brasília, 2025.

XAVIER, Francisco Cândido; Espíritos diversos. *Bênçãos de amor*. CEU, FEB: São Paulo, Brasília, 2022.

XAVIER, Francisco Cândido; Espírito Emmanuel. *Ave, Cristo!*. 24. ed. FEB: Brasília, 2025.

______. *Caminho, verdade e vida*. 29. ed. FEB: Brasília, 2024.

______. *A caminho da luz*. 39. ed. FEB: Brasília, 2024.

______. *O consolador*. 18. ed. FEB: Brasília, 1997.

______. *Há dois mil anos*. 49. ed. FEB: Brasília, 2025.

______. *Paulo e Estêvão*. 45. ed. FEB: Brasília, 2025.

______. *Vinha de luz*. 28. ed. FEB: Brasília, 2024.

XAVIER, Francisco Cândido; Espírito Humberto de Campos. *Brasil, coração do mundo, pátria do Evangelho*. 34. ed. FEB: Brasília, 2024.

ZALMAN, Shneur. *Likkutei Amarim – Tanya*. Kehot: New York, São Paulo, 1990.

AS PARÁBOLAS DE JESUS
EVANGELHO DE MATEUS

InterVidas infinda

DIREITOS AUTORAIS

Núcleo de Estudos Espíritas
O Bom Samaritano
CNPJ 41.226.903/0001-72
R. Clarice Justa, 295 Torre
58.013-344 João Pessoa PB

Grupo Espírita Cisco de Luz
CNPJ 56.122.463/0001-80
R. Cláudio Rossi, 364
Vila Mariana
01.547-000 São Paulo SP
instagram.com/grupociscodeluz

DIREITOS DE EDIÇÃO

Organizações Candeia Ltda.
CNPJ 03 784 317/0001-54 IE 260 136 150 118
R. Minas Gerais, 1 640 Vila Rodrigues
15 801-280 Catanduva SP
17 3524 9801 intervidas.com

DADOS INTERNACIONAIS DE CATALOGAÇÃO NA PUBLICAÇÃO [CIP BRASIL]

C392p
CELESTINO, Severino [*1949–]
As parábolas de Jesus: visão judaico-cristã-espírita (Evangelho de Mateus)
Severino Celestino, Álvaro Mordechai
Catanduva, SP: InterVidas, 2025
288 p. ; 15,7 × 22,5 × 1,5 cm

ISBN 978 85 60960 47 7

1. Jesus Cristo – Parábolas 2. Jesus Cristo – Ensinamentos 3. Judaísmo 4. Cristianismo 5. Espiritismo 6. Religião

I. Mordechai, Álvaro [*1987–]. II. Título

CDD 232 CDU 27-31

ÍNDICES PARA CATÁLOGO SISTEMÁTICO

1. Jesus Cristo – Cristologia 232
2. Evangelhos 226
3. Religião 200.1
4. Espiritismo 133.9

EDIÇÕES

1ª ed., 1ª tir., outubro de 2025, 3 mil exs.

IMPRESSO NO BRASIL • *PRINTED IN BRAZIL* • *PRESITA EN BRAZILO*

COLOFÃO

TÍTULO
As parábolas de Jesus: visão judaico-cristã-espírita (Evangelho de Mateus)

AUTORIA
Severino Celestino
Álvaro Mordechai

EDIÇÃO
1ª edição (1ª tiragem)

EDITORA
InterVidas [Catanduva, SP]

ISBN
978 85 60960 47 7

PÁGINAS
288

TAMANHO MIOLO
15,5 × 22,5 cm

TAMANHO CAPA
15,7 × 22,5 × 1,5 cm [orelhas 9 cm]

CAPA
Ary Dourado

REVISÃO PORTUGUÊS
Fernando Castilho
Roberta Kühn Barboza Morais

REVISÃO HEBRAICO
Severino Celestino da Silva
Álvaro Mordechai

PROJETO GRÁFICO & DIAGRAMAÇÃO
Ary Dourado

TIPOGRAFIA CAPA
(F37) Bella Text [Display Thin, Text Thin, Text Regular]
(Okay Type) Harriet v2 Text [Medium Italic, Regular]
(Monotype) New Peninim MT Regular

TIPOGRAFIA TEXTO PRINCIPAL
(Okay Type) Harriet v2 Text Medium 11,5/15

TIPOGRAFIA TEXTO HEBRAICO
(Monotype) New Peninim MT Bold [13/15, 11,5/15]

TIPOGRAFIA EPÍGRAFE
(Okay Type) Harriet v2 Text Bold Italic 11/15

TIPOGRAFIA CITAÇÃO & VERSO
(Okay Type) Harriet v2 Text Bold 10,5/15

TIPOGRAFIA NOTA DE RODAPÉ
(Okay Type) Harriet v2 Text Bold 9,5/13

TIPOGRAFIA TÍTULO
(F37) Bella Text Regular [30/30, 45/45]

TIPOGRAFIA INTERTÍTULO
(F37) Bella Text Bold 13/15

TIPOGRAFIA BIBLIOGRAFIA
(Okay Type) Harriet v2
Text Bold 11,5/15

TIPOGRAFIA DADOS & COLOFÃO
(Okay Type) Harriet v2
Text Bold 9/12

TIPOGRAFIA FÓLIO
(Okay Type) Harriet v2
Text Bold 10,5/15

MANCHA
103,3 × 162,5 mm 31 linhas
[sem fólio]

MARGENS
17,2 : 25 : 34,4 : 37,5 mm
[interna : superior
: externa : inferior]

COMPOSIÇÃO
Adobe InDesign 20.5
[macOS Sequoia 15.6.1]

PAPEL MIOLO
ofsete Sylvamo Chambril Book
75 g/m²

PAPEL CAPA
cartão Bohui C1S 250 g/m²

CORES MIOLO
1 × 1: Pantone 3145 U

CORES CAPA
4 × 1: CMYK × Pantone 3145 U

TINTA MIOLO
Seller Ink

TINTA CAPA
Seller Ink

PRÉ-IMPRESSÃO CTP
Kodak Trendsetter
800 III Platesetter

PROVAS MIOLO
HP DesignJet 1050C Plus

PROVAS CAPA
HP DesignJet Z2100 Photo

IMPRESSÃO
processo ofsete

IMPRESSÃO MIOLO
Heidelberg Speedmaster
SM 102 2P

IMPRESSÃO CAPA
Komori Lithrone S29

ACABAMENTO MIOLO
cadernos de 32 p.,
costurados e colados

ACABAMENTO CAPA
brochura com orelhas,
laminação BOPP fosco,
verniz UV brilho com reserva

PRÉ-IMPRESSOR E IMPRESSOR
Lis Gráfica e Editora
[Guarulhos, SP]

TIRAGEM
3 mil exemplares

PRODUÇÃO
outubro de 2025

InterVidas

infinda

intervidas.com

intervidas

editoraintervidas

MISTO
Papel | Apoiando o manejo florestal responsável
FSC® C112738
FSC
www.fsc.org

FSC
FLORESTAS PARA TODOS PARA SEMPRE™

Ótimos livros podem mudar o mundo. Livros impressos em papel certificado FSC® de fato o mudam.

InterVidas